民办高校
内部治理体系研究

龙 思◎著

首都经济贸易大学出版社

Capital University of Economics and Business Press

·北京·

图书在版编目（CIP）数据

民办高校内部治理体系研究／龙思著. -- 北京：
首都经济贸易大学出版社，2023.8
ISBN 978-7-5638-3579-9

Ⅰ．①民…　Ⅱ．①龙…　Ⅲ．①民办高校-学校
管理-研究-中国　Ⅳ．①G648.7

中国国家版本馆 CIP 数据核字（2023）第 163108 号

民办高校内部治理体系研究
龙　思　著
MINBAN GAOXIAO NEIBU ZHILI TIXI YANJIU

责任编辑	佟周红　彭伽佳
封面设计	砚祥志远·激光照排　TEL：010-65976003
出版发行	首都经济贸易大学出版社
地　　址	北京市朝阳区红庙（邮编 100026）
电　　话	（010）65976483　65065761　65071505（传真）
网　　址	http://www.sjmcb.com
E - mail	publish@cueb.edu.cn
经　　销	全国新华书店
照　　排	北京砚祥志远激光照排技术有限公司
印　　刷	北京建宏印刷有限公司
成品尺寸	170 毫米×240 毫米　1/16
字　　数	197 千字
印　　张	13.75
版　　次	2023 年 8 月第 1 版　2023 年 8 月第 1 次印刷
书　　号	ISBN 978-7-5638-3579-9
定　　价	52.00 元

前　　言

随着我国高等教育事业的蓬勃发展，民办高校作为国家教育事业的重要组成部分，成为我国高等教育事业发展的重要增长点，也是促进高等教育改革的强大力量。因此，民办高校的内部治理越来越受到社会各方关注。理解民办高校的发展轨迹，分析其办学模式，探究其内部治理的演进逻辑，调研其治理现状，归纳其治理的类型和特征，以及思考其治理优化的路径，无疑是一项重要且必要的工作。

本书就是在这样的背景下创作完成的。全书分为七章，从不同层面系统而深入地探讨了我国民办高校内部治理的演进逻辑、治理现状以及治理的类型和特征等相关问题。

其一，从宏观角度梳理民办高等教育的发展轨迹和取得的办学成就，调研民办高校的发展背景、历程，以及办学定位与评价标准，为后续的研究分析提供了坚实的基础。

其二，详尽分析民办高校的发展模式，包括办学体制模式、人才培养模式以及政府管理模式，力求揭示其内在逻辑与实际运行方式。

其三，深入探讨民办高校内部治理的演进进程，并结合具体时期的历史背景，阐释民办高校内部治理的演进逻辑，包括政府、社会、学生及家长等各方面与民办高校的关系。

其四，详述民办高校内部治理现状，揭示治理的主要方式，为我们理解民办高校内部治理体系提供了翔实的案例。

其五，深入剖析民办高校内部治理的类型和特征，并对民办高校治理存在的问题进行深度解析，从而为后续选择治理优化路径提供了有力的支撑。

其六，从理论和实践两个层面探讨民办高校内部治理优化的路径，提出民办高校内部治理的价值理念，并为民办高校内部治理的路径选择提供了理论指导。

全书以严谨的学术态度、深入浅出的阐述分析，为读者深入解读中国民办高校内部治理体系。希望本书能给从事相关工作的教育工作者、研究人员，以及对民办高校治理感兴趣的读者提供分析参考。

目 录

CONTENTS

导　语

　　为了坚持和完善中国特色社会主义制度，推进国家治理体系和治理能力的现代化，中国共产党中央委员会在十九届四中全会上审议并通过了《中共中央关于坚持和完善中国特色社会主义制度、推进国家治理体系和治理能力现代化若干重大问题的决定》（以下简称《决定》）。该《决定》起草的背景是中国面临应对日益复杂的国内外风险挑战，推进新时代改革前进以及实现"两个一百年"的奋斗目标，需要进一步提高国家治理水平和治理能力，确保中国特色社会主义制度在国家未来的发展中更加牢固和健全，能够运用制度应对风险挑战的冲击。

　　中共中央设定的目标是：到 2035 年我国各方面的制度得到进一步完善，包括政治、经济、社会、文化等各个领域，同时推进国家治理体系和治理水平的现代化。通过推动改革创新、加强法治建设、提升公共服务水平等措施，国家治理体系和治理水平将逐步实现现代化，为中国社会的发展提供坚实的制度基础。更重要的是在中华人民共和国成立一百年时，即到 2049 年，国家治理体系和治理能力将全面实现现代化。这意味着我国要建立起一套适应时代发展需要的现代国家治理体系，拥有高效、科学、民主、法治的治理能力。这将进一步巩固中国特色社会主义制度的优越性，为实现中华民族伟大复兴的中国梦提供强有力的保障。我国需要进一步加强党的领导，推动全面深化改革，培养专业化、创新化的管理人才，加强国家治理能力的提升，为国家发展提供强大的动力和支持。这一目标的实现将使中国特色社会主义制度更加巩固，并充分展现其优越性。《决定》对推动我国现代化治理体系的发展具有重大意义。

高等学校作为国家人才培养的主阵地，在国家推进现代化过程中具有重要的地位和作用。作为高等学校的重要组成部分，民办高校的发展是高等教育治理体系和治理能力现代化得以实现的必要条件之一。高校治理分为内部治理与外部治理两个方面。民办高校外部治理的核心在于处理好与政府、与社会、与市场以及与高等院校之间的关系，从而获得良好的外部资源和发展支持；民办高校内部治理主要在于民办高校内部管理制度的架构及其运行，激发学校内部组织结构的活力，提高学校内部的治理效率。

只有不断完善民办高校的内部治理体系，提高其治理能力，才能确保民办高校的教育质量和水平的不断提高，更好地满足国家对人才培养的需求。因此，我们有必要对民办高校内部治理体系进行研究，以期能够为民办高校在新时期的办学治校提供更加完善的组织、决策、执行的设计框架思路。

民办高校内部治理体系研究的价值可以归纳如下：一是通过对我国民办高校内部治理体系的发展变革及其成就得失进行梳理与总结，对国家和地方教育行政主管部门和我国民办高校对以往的内部治理模式的成就与短板有深刻的认识，促使民办高校认识到建构科学合理、符合新时期发展的内部治理结构的紧迫性，并积极加快落实内部治理模式的改革。二是通过对民办高校内部治理类型及特征的研究，对民办高校内部治理体系进行比较学习，开拓高校内部治理的视野，学习总结内部治理的成功经验，完善民办高校内部治理体系研究，提升民办高校治理能力。三是《国家中长期教育改革和发展规划（2010—2020年）》及《统筹推进世界一流大学和一流学科建设总体方案》（以下简称《方案》）均提出完善中国特色现代大学制度，《方案》明确把完善高校内部治理结构和推进"双一流"建设作为改革任务。关于民办高校内部治理体系的研究能够为高校内部治理结构改革和高校内部治理体系完善及治理能力的提高提供经验和实际执行的模板。四是将民办高校的章程作为其内部治理体系的根基来研究，而内部治理结构的完善与落实为民办高校章程的完善提供了经验指导和理论基础。

五是有助于完善民办高校董事会领导下的校长负责制，同时理顺校内行政权力、党委权力、学术权力、民主权力的关系，便于发挥四个权力要素在办学治校中的作用，从内部治理体系上彻底解决由多头权力决策导致的办公效率低与办学质量差的问题，从而提升高校内部治理能力。

　　基于上述关于民办高校内部治理发展的理论价值和实践意义，笔者认为对民办高校内部治理的进程、模式及其特征等方面进行研究，符合我国国情并有利于完善新时期民办高校内部治理结构，构建科学的治理体系，进而提升内部治理能力。

第一章　民办高等教育的发展轨迹及其成就

自 1978 年改革开放至今，我国民办教育经历了复兴和迅速发展的过程。伴随《民办教育促进法》的出台，围绕民办高校分类管理和内涵发展，民办高校开启了新征程。四十余年来，在国家政治和经济发展及文化传播传承创新、社会变革等多方面因素的推动下，我国民办高等教育发展的速度越来越快，发展规模不断扩大，办学条件不断改善，办学水平不断提升。随着办学时间的推移和学校的发展，我国民办高校已成为高等教育事业的重要组成部分，成为我国教育综合改革的重点领域暨新时代教育改革与发展的着力点。对我国民办高等教育发展的记录也是对我国教育改革发展轨迹的记录。

第一节　民办高等教育的发展历程

民办高等教育的发展史就是一部民办高校的创业史和奋斗史。二十世纪八十年代以来，伴随着经济体制等一系列改革，我国民办高等教育逐渐复兴并发展起来。在恢复发展的初始阶段，民办高校呈现出办学经费资金短缺、办学规模小、办学实力弱、管理松散等特点。此阶段民办高校主要以自学考试和非学历教育的培训为主要的办学内容。随着经济社会的不断发展，人民群众对接受高等教育的需求不断增长，民办高等教育的生存空间得以延伸和拓展。民办高校的办学规模开始不断扩大，办学层次也逐渐提升，再加上国家相关政策法规的完善，从而形成了办学层次多样、类型丰富、学科种类齐全的民办高等教育体系。

一、恢复起步阶段（1978—1992 年）

1978 年党的十一届三中全会召开以后至 1992 年，是民办高等教育的恢复起步阶段。1978 年，国家做出了改革开放的重大战略决策，经济建设成为党和国家的工作重心，各种专业人才和专业知识成为社会经济发展的必需品，但是有限的公办高等教育资源无法满足社会各行各业发展的现实需求，这就为社会力量办学提供了进入高等教育领域的契机。1987 年 7 月 8 日，原国家教育委员会颁布了《关于社会力量办学的若干暂行规定》，其中第十九条的内容就是鼓励和支持社会力量办学；紧接着在 1992 年中国共产党召开的第十四次全国代表大会的政府工作报告中也指出：要多鼓励多支持多种形式的社会集资办学和民间办学；随后修订的《中华人民共和国宪法》等法律法规及相关政策文件都为民办高等教育恢复发展奠定了政策基础。

在上述政策文件以及改革开放的背景下，我国的民办高等教育开始了恢复发展。比如，1982 年 3 月，经原北京市成人教育局批准，由聂真、于陆琳、张友渔、刘达等几位知名教育家在北京集资创办的中华社会大学成立。中华社会大学是我国改革开放后成立的第一所民办大学，被称为"没有围墙的大学"。北京海淀走读大学（现北京城市学院）在 1984 年成立，该校成为中华人民共和国成立后第一所拥有颁发国家承认学历资格证书的民办高校。当时该校成立了董事会，并由傅正泰担任校长。1985 年，该校成立党支部，傅正泰校长兼任党支部书记。1984 年 8 月，北京海淀走读大学面向社会招收第一届学生。该学校当时开设了 8 个专业，一共招收学生 282 人，将校训确定为"改革探索，勤奋进取，艰苦创业，开拓前进"。

20 世纪 80 年代初期，浙江省有一批政协的老同志受到改革教育理念的影响，他们经过讨论，向政府提议利用当地人才资源筹建一所民办高等学校以服务地方经济发展。1984年12月，浙江省教育厅下发了《关于筹建武林大学的批复》的文件，同意依靠浙江省各民主党派和社会力量筹建民办性质的大学。1985年2月，浙江省政协同意将还在筹建中的武林大学改为浙江社会大学；同年12月改为浙江树人大学。

河南省郑州市的民办高校——黄河科技学院的创办与发展也有一段艰辛的历程。郑州大学教师胡大白在几位同事的鼓励下，于1984年用30元从培训班起步，创办了"郑州自学考试辅导班"，后联合了几个教师组成培训队伍，专门为参加自学考试的人员进行考试科目的培训。1985年4月，第一期学员自学考试成绩平均合格率高达87%，教学成果一鸣惊人。同年，《光明日报》在报道中称赞该校是"全国自学考试的一面红旗"。1988年，胡大白提出"办一所国家承认学历的民办大学"的构想，经原河南省教育委员会批准成立了郑州黄河科技大学，开始进军专科学历教育。培训班经过4年时间的发展，社会认可度越来越高，招生数量越来越多，培训班的规模越来越大。1994年，由原国家教育委员会批准成立民办性质的黄河科技学院，该校成为我国第一所实施专科学历教育的民办普通高等学校。

1985年，在陕西西安邮电大学担任英语教研室主任的教师丁祖诒创办了西安外国语联合培训学校。该校1987年经由陕西省教育工作委员会批准成立西安翻译培训学院，实施自学助考教育；2000年，经陕西省人民政府批准成立西安翻译职业学院，实施全日制高等职业教育。

紧接着，上海民办前进进修学院、西安外事培训学院、私立华南女子学院、西安欧亚培训学院等一批民办高校先后成立，这些学校的兴起成为我国民办高等教育在改革开放背景下迅速恢复发展的缩影。1987年7月，纽约《美洲华侨日报》以连载的方式报道了"中国教育界传奇人物"——上海民办前进进修学院院长蔡光天先生，介绍了1983年蔡先生依靠民主党派的力量，以百元人民币起家，从一个专业仅有三百多名学员发展到 1987 年的四个专业共有约两万名学员的办学发展事迹。

截至 1993 年底，经国家教育委员会（现国家教育部）审批备案的民办学历教育包括普通民办高校和成人高校，共有 7 所普通民办高校和 3 所成人高校得到了国家教育委员会的认可。此外，还有一些由社会团体、政府部门或企业与高等教育机构联合开办的高等学历教育学校。这些学校的数量超过 40 所，它们通过合作方式提供高等学历教育，为学生提供了更多选择的机会。除了上述学历教育机构，还有一些由省级教育行政部门审批的民办高等教育机构，它们主要提供培训、辅导和助学等服务，学生在完成课程后可获得写实性结业证明，但不发放学历证书。据统计，当时全国有五百多所这样的民办高等教育机构。

但是民办高等教育在此快速恢复发展的阶段也出现了乱办学、收费不规范、随意招生等一些现象。国家针对这些问题进行修正，发布政策文件整顿民办高等教育恢复发展中的不良现象。1988 年 10 月，原国家教育委员会发布《关于社会力量办学几个问题的通知》（以下简称《办学通知》），《办学通知》中对部分民办高等教育机构的做法提出限制和批评，特别指出"一些社会力量举办了在一地设总校、由总校或总校主办单位自行批准跨省（市）设置的学院或大学进行招生的形式存在弊端""有的学校未经教育部门许可，擅自向学员许诺了文凭"等各类违反办学规定的内容。1990 年 7 月，原国家教育委员印发的《关于跨省、自治区、直辖市办学招生广告审批权限的通知》指出，"滥招生、乱许诺文凭和待遇的现象既损害了高等教育的声誉，干扰了劳动人事制度，又助长了'乱办学、乱收费、乱发证'等社会不良风气的蔓延，甚至影响了社会安定"。为整治此类招生乱象，1991 年 8 月，原国家教育委员会和公安部联合发文《社会力量办学印章管理暂行规定》（以下简称《办学规定》），《办学规定》中对印章的刻制程序、样式、尺寸及其使用和作废等事项做了明确规定。

二、快速发展阶段（1993—2002 年）

1992 年，我国经济领域改革持续深化发展，经济体制由计划经济体制向社会主义市场经济体制转变，同时私营经济、民营经济取得了和公有制经济相同的合法性地位。同年，《中共中央国务院关于加快发展第三产业的决定》指出，要把教育从"上层建筑"的属性重新定义为"社会生产力"的一部分，从而将教育事业划分到第三产业中，即将教育事业划分到第三产业中并认为其是对国民经济发展具有全局性、先导性影响的基础行业。此时教育产业论思想逐步成为发展教育事业的新视角①。在 1992 年 10 月召开的中国共产党第十四次全国代表大会的政府工作报告中，提出"鼓励社会力量办学"，进一步推动了民办高等教育进入快速发展期。

两年后，1994 年，国务院发布了《中国教育改革和发展纲要》，在其中指出"高等教育要逐步形成以中央、省（自治区、直辖市）两级政府办学为主和社会各界参与办学的新格局"。该文件的发布进一步说明了政府对社会力量办学的支持，同时标志着我国民办高等教育进入了快速发展期。这个阶段国家政策文件总体在导向上的指引关键词是：鼓励、支持、引导和管理。比如，1994 年国务院在文件中指出要"鼓励企事业单位和其他社会力量按国家的法律和政策多渠道、多形式办学。有条件的地方，也可以实行公办民助的形式制定民办高等教育的政策"②。在政策的鼓励下，1993 年 8 月，以西安交通大学机械工程学院自学考试辅导中心为依托创建的西安思源学院，成为民办公助型的大学。在原国家教委不断鼓励民办高等教育发展的同时，1993 年 8 月颁布了第一部专门针对民办高等教育的行政规章——《中华人民共和国民办高等学校设置暂行规定》（以下简称

---

① 张铁明. 教育科学研究的一个全新视野：教育产业论 [J]. 教育改革，1993（4）：78.

② 《国务院关于〈中国教育改革和发展纲要〉的实施意见》（国发〔1994〕39 号），1997 年 7 月 3 日。

《设置规定》）。在《设置规定》中首次明确了民办高等学校是我国高等教育事业的组成部分，规定了民办高等学校不得以营利为办学宗旨，明确了民办高等学校设置的原则、标准和程序。这一阶段，国家频繁出台针对民办高等教育的政策法规，进一步规定了民办高等教育"不得以营利为目的"为办学宗旨。此后国家陆续颁布《关于民办学校向社会筹集资金问题的通知》《关于加强社会力量办学管理工作的通知》等法律和文件，并在文件中反复强调民办高等教育不得以营利为目的的办学宗旨。1994年西京大学（筹办）由陕西省人民政府正式批准成立，1995年西安欧亚学院的前身"西安涉外人才培训学校"得到西安市雁塔区就业局批准。1997年7月中华人民共和国国务院令第226号，时任国务院总理李鹏签发了《社会力量办学条例》，第一条为："国家对社会力量办学实行积极鼓励、大力支持、正确引导、加强管理的方针。"① 这种变化的背后可以归因于国家对民办高等教育发展潜力和价值的重新认识。随着大众教育需求的不断增加，公办高校已经无法满足社会对高等教育的需求。民办高等教育机构填补了公办高校的供给缺口，为更多的学生提供了接受高等教育的机会。而且，民办高等教育机构在培养人才方面有着灵活的机制和创新的教育模式，能够更好地满足市场需求，培养具有适应性和创新能力的人才。这些优势也得到了政府的认可和支持。1998年8月29日，由中华人民共和国第九届全国人民代表大会常务委员会第四次会议通过的《中华人民共和国高等教育法》（以下简称《高等教育法》）颁布。《高等教育法》第六条规定，"国家鼓励企业事业组织、社会团体及其他社会组织和公民等社会力量依法举办高等学校，参与和支持高等教育事业的改革和发展"。这标志着国家对民办高等教育由《社会力量办学条例》中的"严格控制"政策转向了以《高等教育法》为基础的法律支持。此后，在中国共产党第十五次全国代表大会上提出的《面向21世纪教育振兴行动计划》、1999年的《中共中央国务院关于深化教育改革全面推进素质教育的决定》等政策文件不

---

① 《社会力量办学条例》http://www.people.com.cn/zgrdxw/faguiku/jy/F44-1010.html.

断释放信息，同时明确国家对社会力量创办高等教育的支持态度。第三次全国教育工作会议 1999 年在北京召开时，时任国务院总理朱镕基指出：城乡居民的教育消费意愿十分强烈，居民家庭储蓄中有相当比例的准备金是计划用于教育方面的，同时我国现有教育资源还有很大潜力，我国的社会力量也有办学的积极性，国家要鼓励和支持社会力量尝试开办民办高等学校。

1999 年，党中央和国务院做出了要进一步扩大高等教育规模的重大战略决策，提高了高考录取比例。该决策极大地拓展了民办高等教育的发展空间。此时，我国民办高等学校的注册数量呈急速增加趋势，发展规模也呈现出迅速壮大的特点。根据教育部教育统计数据显示，1994 年全国民办高等教育机构数为 880 所，1997 年全国民办高等教育机构为 718 所，到1999 年已经增加到 1 071 所①。尽管国家为响应居民对教育消费的愿望，同时 1999 年对高等学校在高考录取给予了提高比例实行扩招的政策，但是政策指导下的扩招工作落实并非易事。虽然在 1999 年全国已经有 1 071所民办高校，但是依旧不能完全满足我国高考学生对上大学的需求，同时意味着无法满足居民对教育的消费需求。于是就出现公办高校开始探索在其学院名下举办具有民办性质的二级学院（独立学院）的情况。在这些独立学院里有部分学院并没有取得教育部的审批办学权，仅仅是公办高校自己探索办学；也有部分学院是取得了省级教育行政部门的许可而开办的。独立学院由于有师资力量稳定、教学设施齐备的公办母体高校，头顶公办大学的"光环"而受到学生和家长的青睐，成为许多学生和家长的选择。该办学模式快速发展起来，成为民办高等教育，特别是本科教育的一种新的发展途径。比如，以浙江大学城市学院（1999 年成立）为发端，西安交通大学思源学院、西北大学现代学院等一批依托公办大学创建的民办二级学院如雨后春笋般在全国发展起来，迅速推动了我国民办高等教育的发

---

① 中华人民共和国教育部教育统计数据［EB/OL］.（2023-03-09）http://www.moe.gov.cn/jyb_sjzl/moe_560/moe_566/。

展，加快了全国高等教育大众化的进程。截至 2001 年，全国共有独立学院 318 所，在校生 186.6 万人，占全国民办高等教育在校生总数的 53.4%；其中，独立学院本科在校生 165.7 万人，占全国民办本科高等教育在校生总数的 88.7%[①]。在独立学院招生火爆的同时，为了进一步满足广大居民的教育消费需求，2000 年开始国家对一部分民办高校进行评估考察后，教育部审核批准了一批民办院校可以开办专科层次的高等职业教育学校，比如西安翻译学院、西安外事学院等，民办高校进一步得到发展。

在这一阶段，我国民办高校的规模和数量都快速增长，办学水平开始得到提升。

三、规范发展阶段（2003—2016 年）

为推动我国民办教育的发展，2003 年 9 月 1 日，我国第一部关于民办教育的法律——《中华人民共和国民办教育促进法》（以下简称《民办教育促进法》）颁布施行，这标志着我国民办高等教育步入了规范发展阶段。在此阶段，国家不断出台文件政策，规范民办高等教育的发展。2005 年 2 月，教育部在北京召开了一场座谈会，会议邀请了 17 所民办高校的负责人出席。会议的目的是讨论并明确促进民办高等教育发展的思路，为民办高等教育的可持续发展奠定基础。在会议上，与会者讨论了民办高等教育的发展方向和政策支持。民办高等教育是满足多样化教育需求的重要途径，国家应该加大对民办高等教育的支持力度。与会者一致认为，民办高等教育的发展应以提高办学质量为核心，同时注重师资队伍的建设和教学改革。他们还讨论了创新人才培养模式和与国内外高校合作的可能性。《民办教育促进法》及其实施条例颁布实施后，民办高等教育得到了快速发展。据统计，到 2005 年 2 月，我国具有独立颁发毕业证书资格的民办高

---

① 教育部. 关于独立学院设置与管理办法的工作说明［EB/OL］.［2018-9-28］(2023-03-09). https://xaokao.chs..com.cn/gkxx/zc/moe/200905/20090504/23086699.html。

校已达 228 所，比 2002 年增加了 95 所，增长了 71.4%。与此同时在校生数量也快速增加，达到 71.1 万人，比 2002 年增加了 39.1 万人，增长了 122.2%。这表明民办高等教育已经成为我国高等教育的重要组成部分。为进一步促进民办高等教育的发展，教育部决定批准设置一批新的民办本科高校。这项新措施旨在鼓励和支持民办高等教育的发展，并且是贯彻落实《民办教育促进法》及其实施条例的重要举措。通过扩大民办高等教育的容量和规模，可以进一步拓宽人才培养渠道，满足社会对高等教育多样化的需求。这也反映了国家对民办高等教育的重视和支持，为民办高校提供了更广阔的发展空间①。

2016 年 11 月第十二届全国人民代表大会常务委员会第二十四次会议提出《关于修改〈中华人民共和国民办教育促进法〉的决定》，对《民办教育促进法》进行第二次修正。修正的主要问题在于民办学校在办学实践中存在学校法人属性不清、取得合理回报不好操作、相关配套优惠措施制定困难等问题。问题产生的原因在于民办高等学校在其创办的过程中资金来源多样，既有国有资本和集体资本，又有民间资本和国外资本，而且办学模式不一，各个学校各有特点。国务院《关于加快发展现代职业教育的决定》（国发〔2014〕19 号）提出："探索发展股份制、混合所有制职业院校，允许以资本、知识、技术、管理等要素参与办学并享有相应权利。"这是"混合所有制"首次正式进入教育领域②。依据筹办学校的资金来源，民办高等学校的办学模式可以分为六种类型。

一是公办高校与民营资本合作的办学模式。公办高校与社会民营资本合作办学，由公办高校提供师资队伍用来保障学校的教育教学，同时负责推荐学校院长人选，并且负责学校的日常教学与管理，拥有学院运营净收益的 30%。企业提供学校建设发展的经费，推荐董事长人选，拥有学院运

---

① 认真贯彻落实民办教育促进法 积极推动民办高等教育持续健康发展 [EB/OL]. (2023-03-09). http://www.moe.gov.cn/jyb_xwfb/gzdt_gzdt/moe_1485/tnull_5910.html。

② 阙明坤. 混合所有制视角下独立学院办学体制创新研究 [J]. 复旦教育论坛, 2017, 15 (3): 46-52.

营净收益 70% 的分配权。这样的合作办学方式在地方财政能力有限的中西部欠发达地区比较多，合作办学既符合公办高校对办学资金的需求，又能满足企业投资的需求，从而具有双重优势。

二是地方公办高校与地方政府或者国有资本合作投资办学模式。例如，2004 年，江苏省泰州市的南京理工大学泰州科技学院（以下简称"南理工泰科院"）就是由泰州高教园区建设发展公司出资开办，母体高校每年收取学费的 12% 作为管理费，国有企业收取学费的 28% 作为回报。在南理工泰科院这类合作中由于地方经济发展水平较高，但是高等教育资源比较缺乏，政府对于人才的储备和吸引具有较高的意愿，因此会积极与当地的公办高校合作，双方按照办学投入确定双方或者第三方的出资比例，明晰彼此的责任范畴进行合作办学。南理工泰科院这类合作方式具有政府背景，资金投入力度大，以及坚持政府公益性办学的宗旨，所以普遍发展速度比较快，社会各类资源调配顺畅，具有良好的发展前景。

三是公办高校与国有资本及民营资本的三方合作模式。例如，位于嘉兴市的同济大学浙江学院，在创办中就是以民营企业和国有企业合作的方式进行，两者分别以投入占股 55% 的资金和占股 45% 的土地与资金进行股权分配，公办高校不占股这样的方式合作办学。吉林大学珠海学院在日常运行中采用的就是这样的模式。该合作模式如果按照市场经济领域的说法就典型的"公私合营"。公办学校以自己拥有的教育教学资源入股办学，国有资本负责办学的土地划拨并承担部分经费，而民营资本主要以资金投入为主。这样的合作模式最大的优点就是各方以自身的最优资源投入，资金充足，办学设施相对充裕。鉴于是三方合作办学，在学校的日常运作或者重大事项的决策过程中要面临着三方的沟通与协调，以及在内部治理中的权利制衡等问题。

四是公办高校与非营利组织的合作模式。一般非营利组织主要以企业或者社会团体以及高等学校的基金会为主，基金会的资金可以通过投资的方式保值增值。在合作办学投入中，资金投入以基金会为主，师资队伍的建立和教学管理以公办高校为主,从而形成办学合力。江苏省就有 25 所独立学院的办学模式属于此种类型,比如,南京大学金陵学院等。这类合作办学模式的优点是资金充足,投资方的办学目标明确,在管理中对学校的体制机制干预较少。但是,由于与非营利组织的合作模式在办学过程中主要以公办高校的师资力量和管理团队为主,容易形成与母体学校办学的同质化,在学科建设和专业建设以及管理模式等方面难以有突破性的发展。

五是公办高校与外资合作的模式。伴随改革开放的大潮,海外资金不断涌入中国内地市场,尤其是海外侨胞和中国港澳同胞,开始将资金投入教育领域,与公办高校一起合作办学。例如,广东海洋大学寸金学院由泰国华人青年商会副会长李敏创办的湛江寸金教育集团投资举办;华侨大学福建音乐学院由爱国华侨、国际著名音乐家蔡继琨兴办,向海外爱国华侨华裔集资;福建师范大学闽南科技学院由菲律宾爱国华侨投资举办[①]。这类办学模式以外资建设校园硬件设施为主,公办高校负责日常管理的方式合作。在管理中往往能够将国际化的理念引入学校的管理机制中,形成国际化的办学特色。

六是公民个人依法投资创办的高校。例如,西安翻译学院是由原西安石油大学英语教研室的教师丁祖诒辞职后个人投资创办的;西安外事学院由黄腾个人投资创办。因为个人投资创办的高校资金力量有限,这类民办高校在创办初期基本是举步维艰,面临种种困难。但正是因为是个人独自办学,意味着创办者对办学拥有极大的热情和信心。尽管承担着办学的各类风险,但是"坚持下去"的信念让这类学校在办学初期能够克服种种困难,也是让这类民办高校在高等教育领域能够独树一帜的主要原因。

2004 年,国务院第四十一次常务会议通过的《中华人民共和国民办教育促进法实施条例》中明确民办学校在招生和学位授予方面享有一定

---

① 阙明坤.混合所有制视角下独立学院办学体制创新研究 [J].复旦教育论坛,2017,15(3):46-52.

的权益和规范。根据该条例第二十七条规定，"民办学校在招生方面拥有一定的自主权，可以根据自身特点和定位，确定适合自己的招生范围、标准和方式"。这使得民办学校能够更好地满足多样化的教育需求，并积极参与教育改革和发展。民办学校在招收接受高等学历教育的学生时，需要符合国家相关的规定和要求。这是保证教育质量和学生权益的一种监管措施。国家对民办学校在这方面设置了一些规范和标准，以确保学生接受的教育质量不受影响，且能够获得与公办学校相当的教育资源和机会。此外，根据该条例第三十条规定，"实施高等学历教育的民办学校如果符合学位授予条件，经过审批同意后可以获得相应的学位授予资格"。这些条款对民办高校办学给予了实际的支持和认可，对招生来源进行了限制规范，并肯定了学校的教育教学成果。这些规定为民办高校提供了一定的发展空间和保障，促进了民办高校的发展与壮大。

民办高校在办学的过程中，一开始是以自学考试和学历教育考试为主，2000 年开始，部分民办高校通过国家审核后，经教育部批准，逐步开始招收专科学历的学生。2004 年 6 月，教育部发布《关于取消高等教育学历文凭考试的通知》，要求从 2005 年起，对所有开展学历文凭考试的试点民办高校一律终止招收学生。学历文凭考试的取消使得将近三分之一的民办高校减少了招生来源，需要重新寻找出路。这些生源骤减的民办高校有的已经取得了专科学历教育资格，有的依旧以自学考试为主要招生渠道办学，还有一部分学校面临难以为继即将倒闭的局面。

民办高等教育在快速发展过程中由于政策法规不健全，导致乱象丛生。民办高校在招生、管理、教学等方面出现混乱现象，甚至有些地方民办高校发生了因学生的学籍和学历以及收费等问题导致的群体性事件。学生家长和学生以及相关社会群体由此对民办高校产生负面评价，造成负面社会效应，民办高校在长期办学过程中积累的深层次矛盾也爆发出来。

面对民办高校频繁发生的办学问题，加强规范管理迫在眉睫。对此，

2006 年 12 月 21 日，中共中央组织部和教育部党组联合发布了《关于加强民办高等学校党的建设工作的若干意见》，国务院办公厅发布了《关于加强民办高校规范管理引导民办高等教育健康发展的通知》（以下简称《引导通知》），《引导通知》中指出，一些民办高等学校存在"办学指导思想不端正、内部管理体制不健全，法人财产权不落实，办学行为不规范，同时也反映出一些地方政府对民办高校疏于管理、监管不到位"等问题，并要求各级政府按照"积极鼓励、大力支持、正确引导、依法管理"的十六字方针，引导各民办高校规范内部管理、完善各项规章制度、改善办学条件并规范办学行为，同时要求各级政府落实有关扶持政策，加强和规范对民办高校的管理引导，促进民办高校提高教育教学质量。

在国家政策不断完善的过程中，民办高校中也涌现出部分办学质量和办学水平较高的学校。2005 年由教育部批准，西安翻译学院、西安外事学院以及西安欧亚学院和西京学院等民办高校升格为本科高校。这成为民办高校发展史上具有重要意义的事件。

2007 年 2 月 3 日，教育部发布《民办高等学校办学管理若干规定》（第 25 号教育部令）再次明确国家对民办高等教育规范发展的十六字总体方针，并明确了对民办高校的章程设立、党团组织建设、校长聘任等要求；教育部明确要履行对全国民办教育的统筹规划、综合协调和宏观管理的职责，并且对省级教育行政部门应切实履行对其行政区域内民办教育管理的职责进行了规定，要求进一步规范民办高校的办学行为，加强行政监管，确保民办高校的健康发展。

2008 年第 26 号教育部令发布了《独立学院设置与管理办法》（以下简称《设置办法》），该《设置办法》对独立学院的设立、组织活动、管理和监督等方面做出了明确规定，坚持对独立学院的积极支持、规范管理和改革创新的指导思想，并强调独立学院属于公益性事业，同时，也强调了独立学院的民办性质、独立设立和优质发展原则。除特别强调优质教育资源的参与外，该办法还规定了独立学院与母体公办高校之间的独立地位。这意味着独立学院具有自主权，并可以根据自身的特点和需求进行管理和运行上的改革创新。《设置办法》还明确了对已设立的独立学院的过渡期，在这个过渡期内，省级教育行政部门可以向教育部提出考察验收申请。教育部将组织考察验收独立学院，并对考察验收合格的独立学院核发办学许可证。对于办学水平符合要求的独立学院，还可以申请转设为民办高等学校，并获得民办教育办学许可证。同时，对于不申请考察验收或转设为民办高等学校的独立学院，《设置办法》要求它们必须规范体制机制，充实办学条件，并在保证教育质量的前提下有序地进行报请验收或申请转设等工作。通过以上规定，《设置办法》为独立学院的发展提供了一定的路径和方向，还规定了教育部门对独立学院的考察验收和发放办学许可证的程序和标准，以保障独立学院的办学质量和规范性。《设置办法》的出台，旨在提高独立学院的办学水平和教育教学质量，使它们能够更好地适应社会需求，培养高质量的人才。通过引入优质教育资源、确立独立地位和推动改革创新等举措，这一办法对独立学院的发展产生了积极的影响[①]。

2012 年 6 月，教育部发布的《关于鼓励和引导民间资金进入教育领域促进民办教育健康发展的实施意见》提出："积极支持有特色、高水平、高质量的民办高校发展""民办高校申请学士、硕士和博士学位授予权的，按与公办高校相同的程序和要求进行审批"，并进一步落实了民办高校的办学自主权和招生自主权，保护民办高校师生的权益和公办高校的师生权益一致。

在国家和政府不断完善相关政策、规范民办高等教育发展的背景下，各省相继查处了一批违规进行招生和办学的民办高等学校与机构。与此同时，一部分教学质量优异的民办高校却随着国家政策的不断完善，逐步提升办学水平和管理水平。2011 年 10 月，经过申报、评审等，民办高校与公办高校在同等高水平下竞争。最终，北京城市学院、吉林的华桥外国语

---

① 《独立学院设置与管理办法》，中华人民共和国教育部令第 26 号。

学院、黑龙江东方学院，以及陕西的西京学院和河北传媒学院，一共五所民办高校被教育部正式批准获得 2012 年度研究生招生资格。这是中华人民共和国自成立以来，民办高校首次获得研究生教育资格，实现了民办高校成功跻身研究型大学的历史性突破。

在民办高校人才培养取得重大突破的同时，独立学院转设成为民办高等教育发展的另一重要趋势。《独立学院设置与管理办法》为独立学院发展划定了基本路径，有以下两种：一是通过考察验收后继续存在向民办高校转设或合并，二是回归公办母体高校。该办法同时为独立学院限定了 5 年的过渡期。截至 2016 年，全国共有 61 所独立学院成功转设成普通民办本科，约占全国独立学院总数的 20%，其中 9 所独立学院在 2016 年转设成功。独立学院转设是一次重大的利益调整，涉及公办高校、国内外投资企业、地方政府部门以及师生员工等利益相关者的利益诉求，各方立场观点不同，难以形成共识，因此形成了各利益相关者群体的博弈格局。

伴随 2016 年以来国家出台的系列民办教育政策文件，要求对民办高等教育实行分类管理，预示着民办高等教育即将进入内涵式发展的新时期。

四、内涵式发展时期（2017 年至今）

2016 年 11 月第十二届全国人民代表大会常务委员会提出《关于修改中华人民共和国民办教育促进法的决定（第二次修正）》。2017 年 9 月 1 日，开始实施修改后的《民办教育促进法》，民办高等教育重点加入了"关于合理回报"的规定和关于"加强党的建设"的内容。其中第十九条确立了民办高校分类管理的具体标准，同时明确了营利性民办学校的相关自主定价权。民办高校以分类管理为特征的内涵式发展期拉开了序幕。新修订后的《民办教育促进法》明确规定了民办高校可以自主选择营利性或者非营利性的办学道路，不同性质的民办高校在财政、税收和土地等配套政策方面根据规定享受不同的优惠政策。新修订后的政策体系为民办高等教育制度的发展变迁奠定了法律和政策基础。

在内涵式发展时期，民办高等学校不断创新发展资金的多渠道融资模式。许多民办高校采取和企业一样的方式上市，学校正式走向了以资本市场为导向的发展路径。比如，四川外国语大学成都学院参与投资举办的方成实外教育有限公司和中国教育集团控股有限公司在香港港交所挂牌上市。民办教育公司上市面临着和企业一样的情况，即机遇与挑战并存，风险与收益同在。原因在于民办高校选择上市意味着可以进行多渠道融资，获得更多的办学资金；同时，由于上市融资要求负责学校融资的管理部门能够驾驭资本市场变动带来的资金来源不稳定的风险，要预防学校资金链断裂对采取融资上市的民办高校带来的冲击。

党的十九大提出要优先发展教育事业，尤其是对高等教育的发展提出了"加快一流大学和一流学科建设，实现高等教育内涵式发展"的新要求，基于此，民办高等教育将加快内涵发展建设提到了学校发展规划的日程上，积极推进民办本科高校向应用型转变，进一步加强民办高职院校产教融合、校企合作。在这些民办院校中，西安翻译学院非常具有代表性。该校 2014 年被陕西省教育厅确定为首批应用型转型试点发展的院校。经过几年的持续发展，尤其是以内涵式发展为目标后，该校狠抓教育教学质量。2019 年 8 月，该校被教育部评为全国创新创业典型经验高校，荣获团中央"全国五四红旗团委"称号，该校的翻译专业获批了2019 年度首批国家级一流本科专业建设点，成为陕西第一所获批国家级一流本科专业建设点的民办高校；在中国大学综合实力排名中，2020 年西安翻译学院位居陕西民办大学第一，2021 年居全国民办高校的第十四位，陕西第一位；2021 年，该校新增国际经济与贸易和英语两个国家级一流本科专业建设点。目前以拥有三个国家级一流专业建设点，十一个省级建设专业，成为陕西省获得国家级一流专业建设点最多的民办高校，在全国民办高校中也以绝对优势遥遥领先，成为民办高校"双一流"专业建设的领跑者。

中国的民办高校与公办高校在同一条起跑线上，以坚实的专业建设和一流课程建设为着力点，提升人才培养的质量。促进学校"双一流"建设发展就是民办高校在内涵发展道路上的典型做法。

第二节　民办高等教育的发展成就

我国民办高等教育的发展经历了从高等教育的拾遗补缺到必要补充，而后成为高等教育的重要组成部分；从以开展业余培训为主发展到具有研究生培养能力与水平的学历教育。民办教育伴随着我国改革开放的不断深化而发展壮大，在国家教育事业中的地位不断提升，在服务国家经济社会发展方面的影响力日益增强。自 1978 年改革开放至今，民办高等教育取得了辉煌成就。

一、民办高等学校的发展数量

改革开放以来，民办高等教育从恢复发展时期的少量筹建，到现在的内涵式发展阶段，建立了涵盖职业教育、本科教育和研究生教育的高等教育层级，拥有文科、理科、工科以及商科和医学等学科体系。民办高校的发展在满足社会大众对高等教育的需求和优化我国教育结构布局中起到了重要作用。从教育部公布的统计数据中可以发现，民办普通高校在全国普通高校中所占的比例随着国家对民办高校政策的不断调整和完善而不断攀升。从 2003 年前民办高校数量在全国高等学校数量占比为 11.28%，到 2008 年占比持续增长后趋于稳定，而后基本保持占比在全国高等学校 28% 左右。民办学校的发展也一路向好（见表 1-1）。由此可见，民办高校在

《民办教育促进法》发布实施后得到了可持续发展，高校数量越来越多，成为我国高等教育事业的重要组成部分。

表1-1　民办高校数量及在全国高校中的比例[①]

年份	民办高校	
	数量（所）	全国占比（%）
2003	175	11.28
2004	228	13.17
2005	252	14.06
2006	278	14.89
2007	297	15.57
2008	640	28.28
2009	658	28.55
2010	676	28.67
2011	698	28.97
2012	706	28.91
2013	717	28.78
2014	727	28.75
2015	734	28.67
2016	741	28.54
2017	746	28.38
2018	749	28.12
2019	756	28.12
2020	771	28.15

①数据源于中华人民共和国教育部教育统计数据：http://www.moe.gov.cn/jyb_sjzl/moe_560/2020/。

二、民办高校人才培养数量

经过四十余年的发展，民办高校成为我国人才培养的重要基地，对增加学生的入学机会、提高高考学生的录取率和入学率、加快人力资源的开发和储备发挥了非常重要的作用。近年来，每年约有160余万学子到民办高校接受高等教育阶段的学习，同时，每年大约有150万的学子完成了在学校的专业教育，进入工作岗位，成为国家的有用之才（见表1-2）。

表1-2　民办高校毕业生人数及在全国高校毕业生中的占比统计[①]

年份	民办高校	
	数量（人）	全国占比（%）
2003	—	—
2004	87 963	3. 68
2005	147 503	4. 81
2006	222 991	5. 91
2007	367 420	8. 21
2008	819 921	16. 02
2009	932 878	17. 56
2010	1 096 923	19. 06
2011	1 229 577	20. 22
2012	1 305 701	20. 90
2013	1 332 720	20. 87
2014	1 419 539	21. 53
2015	1 512 794	22. 22
2016	1 540 561	21. 88
2017	1 631 528	22. 18
2018	1 661 667	22. 05
2019	1 696 222	22. 36
2020	1 780 293	22. 33

①数据源于中华人民共和国教育部教育统计数据：http://www.moe.gov.cn/jyb_sjzl/moe_560/2020/。

三、民办高校专任教师数量

教师是学校培养人才的人力资本，民办高校在四十多年的发展历程中建立了一支庞大的师资队伍，从事教学和科研工作。经过多年的发展，民办高校师资队伍的整体教学水平和科研水平明显提升，教师的待遇和社会地位也在不断提高。截至 2020 年，全国民办普通高校专任教师数量在全国高等学校专任教师的总量中占比达到 19.38%（见表 1-3）。民办高校在办学过程中以招聘、引进、培养等方式建立了一支从事教育教学、开展科研工作的专业人员。在这支队伍中，民办高校通过对自己的部分留校毕业生进行专业培养后，使他们成为专任教师，成为我国教育事业发展的重要力量，同时也为缓解就业压力开辟了一条道路。此外，民办高校不断完善教师公开招聘制度以及校长选拔任用等制度，公开面向社会招贤纳士，逐步建成师资队伍和管理人才的后备军。在学校不断向前发展的过程中，民办高校逐步提高教师薪酬水平，加强师德师风建设，促进了我国教师管理改革。

表 1-3　民办高校专任教师数量及全国占比统计[①]

年份	民办高校	
	数量（人）	全国占比（%）
2003	50 143	6.92
2004	46 073	5.37
2005	62 303	6.45
2006	75 144	6.98
2007	89 376	7.65
2008	202 562	16.37
2009	22 208	16.37
2010	236 468	17.61
2011	252 441	18.13

续表

年份	民办高校	
	数量（人）	全国占比（%）
2012	267 810	18.55
2013	281 415	18.80
2014	293 954	19.16
2015	304 817	19.38
2016	311 512	19.45
2017	316 174	19.36
2018	324 338	19.38
2019	339 777	19.52
2020	368 925	20.12

①数据源于中华人民共和国教育部教育统计数据：http://www.moe.gov.cn/jyb_sjzl/moe_560/2020/。

四、民办教育的发展与贡献

民办高等教育是国家改革开放政策的产物，历经四十余年的发展成为我国高等教育事业发展的重要成果之一。在国家对民办教育实施"积极鼓励、大力支持、正确引导、依法管理"的方针伊始，民办高校的数量从零开始到小规模发展，到2021年达到764所，占全国高等学校总数的比例为28%。民办高校发展质量从最初以职业培训和自学考试培训等为中心的教学，发展到以实施本科教育为中心的教学，形成了学科种类齐全、专业齐备、各具特色的民办高等教育集群，为我国高等教育走上多样化和特色化的发展道路，以及为国家开展人才培养和民族振兴做出了重要贡献。

（一）促进教育公平，推动高等教育的多元发展

民办高等教育的复苏和发展，深化了我国高等教育的供给侧改革，拓宽了社会大众在就读学校、学校条件、学科门类和受教育层次等方面的选

择空间，促进了我国高等教育大众化和普及化的进程，满足了社会大众对教育多样化的需求，推动了教育公平，提升了社会大众的教育获得感。民办高校利用社会团体集资或者个人投资、与政府或者外资合作等方式投资举办教育，缓解了政府因为教育经费不足导致的学位紧张、高等学校招生人数受限问题，增加了社会大众接受高等教育的机会，促进了教育公平。中华人民共和国成立初期，国家经济发展滞后，教育经费投入不足成为长期困扰我国教育事业发展的突出问题。在改革开放初期，国家发展急需人才。在这样的情况下开始了穷国办大教育的发展路径，从而使得诸多有接受高等教育需求的群体获得了接受高等教育的机会，民办高校的发展为解决该问题做出了贡献。

一方面，民办高等学校充分利用民间资金，融合多种渠道开发并配置教育资源，在一定程度上缓解了高等教育经费不足的局面，增加了社会大众接受高等教育的机会，缓解了"想上学，没学上"的矛盾局面，为国家和社会培养了数以百万计的各类人才。有研究显示，民办高校每培养一个本科生，可以为国家减轻3.2万元的财政负担①。国家从1999年开始对高等教育实施扩招政策，公办高校的招生容量不足。2000年教育部批准西安翻译学院、西安外事学院等几所民办学校实施职业教育，拥有颁发教育部认可的专科毕业证的资格。这类民办高校开始录取专科学生。2005年西安翻译学院等一批民办高校被教育部批准实施本科教育，此类民办高校开始进入本科层次的人才培养工作。民办高校扩大了高等教育的容量，有力地推动了高等教育大众化进程。

另一方面，民办高等教育在推动教育供给侧改革和满足人民群众多样化教育需求方面的作用越来越明显。随着改革开放的不断推进，我国经济社会发展水平越来越高，尤其是经济产业在国家深化改革中更新换代速度的加快，民众对教育的需求逐渐从"有学上"发展到"上好学"，各类企业对人才的质量要求也不断提高。民办高校的发展为社会提供了多元化的

---

① 钟凤德．略论民办本科教育在区域经济发展中的作用［J］．网络财富，2008（11）：3-4.

人才供给和服务，对满足社会的人才需求做出了自己的贡献。

民办高等教育在丰富我国教育资源、满足人民群众日益增长的教育需求方面，以及满足经济社会发展的人才需求方面均发挥了重要作用。与公办学校相比，民办学校在入学条件、办学类型和对学生的各类服务中具有多样化的特点，由此拓展了民众对高等学校的选项类型，满足了不同的社会群体对高等教育多样化、个性化的需求，使高等教育事业的改革发展成果能够惠及广大群众。比如，民办学校提供的非学历继续教育培训课程，为缺少继续教育和学习的各类人员提供了学习机会，满足了社会群体对更新知识体系、提高自身文化素养和职业技能的需求，有力地推动了我国终身教育体系的发展，助力全民学习，为建设学习型社会做出了贡献。

(二) 创新办学体制，推动教育体制改革

民办教育为我国教育体制改革做出了重要贡献。随着民办教育事业的兴起，我国逐渐形成了以政府为主导、社会多元主体参与、办学形式多样的充满生机活力的办学体制，形成了公办教育和民办教育共同发展的格局。民办高等学校由于其办学资金来源不同于公办高校，对政府的资金资助依赖性低，对市场需求的变化具有高敏感性，因而塑造了其灵活的办学体制。这种办学体制的灵活性要求政府简政放权，不断扩大民办高等学校的办学自主权；也要求政府不断创新管理体制，强化对民办高等学校办学行为的监督和管理，从而推动我国在高等教育领域的体制改革。

一方面，民办高等教育打破了我国原有的由政府单一主体办学的模式，推动了办学体制向多样化发展的变革。改革开放以前，我国实行的是计划经济下由政府统筹负责办学的模式。在政府包办的大环境下，学科建设、专业设置以及教材使用和教学方法选择等方面整齐划一，教育专业的丰富性和多样性不足，高等教育缺乏生机与活力。改革开放使得民办高等教育得以恢复与发展，打破了由国家统一拨款发展教育事业的单一模式，激发了社会资金投资教育的动力，营造了一种公开的、竞争性的办学环境，唤醒了公办学校的教学改革意识和关注市场需求意识，激活了教育领域的活力。四十多年来，我国民办高等教育不断创新办学模式，涌现了多种方式的投资和融资办学模式，包括个人投资办学模式、企业和公办大学共同投资办学模式、合伙人集资办学模式以及捐资办学模式，或者地方政府与当地公办大学以及企业联合办学等模式，以及近几年刚刚兴起的海外融资、上市等模式。目前，我国民办高等教育领域主要是个人办学和联合办学、独立学院等多种办学模式并存。随着《民办教育促进法》的实施，民办高等学校在内涵式发展道路上越走越坚实，很多民办高等学校坚持以高等职业教育或者本科教育为主的规范化发展道路。民办高校的发展有力地推动了我国高等教育的办学体制改革，促使高等教育领域形成了多元化的办学格局。

另一方面，民办高等教育的办学体制和灵活的运行机制推动了政府深化教育改革，不断完善政策制度，转变对民办高等教育的管理方式。民办高校的办学经费主要依靠学费收入或创办者的投入，尤其是在民办教育恢复和发展的早期阶段，民办高校几乎没有收到过来自政府的直接资助。这种办学资金的投入模式使得民办高校对政府的经济依赖较小，受政府控制少，拥有较大的办学自主权，使政府对民办高校的管理有别于公办高校。自《民办教育促进法》颁布实施后，政府不断简政放权，逐步放开民办高校在收费、招生录取、学科专业设置等方面的自主权，政府尊重民办高校根据市场需求办学，并强化办学中的服务意识，进一步释放了民办高校的体制活力。为规范民办高校的办学行为，政府不断创新管理体制，实施高校信息公开制度、审计制度、年度报告制度等，发挥行业组织等第三方对民办高校的监督作用，探索新的民办高校监督与管理模式，维护良好的民办高校的办学秩序，保障师生群体的合法权益。民办高校面向市场需求的办学机制，促使政府不断下放办学自主权，不断创新管理方式，不断完善对民办高等教育的治理理念和模式。

（三）为经济社会发展供给人才与科技力量

民办高等教育的发展为经济社会发展提供了人才与科技支持，推动了我国区域城镇化和产业转型升级的进程。民办高校既增加了社会公众接受高等教育的机会，提高了劳动力的素质，推动技术技能的创新，又为经济社会的发展培养了大量人才，有力地推动了高校所在区域的城镇化进程和产业转型升级。

一方面，民办高等教育扩大了我国社会人力资本的增量，推动了人力资本结构的多样化发展，为经济社会发展、区域城镇化以及产业转型升级等提供了智力支持和技术支撑。研究发现，大学以上学历的人口比例每增加1%，城镇化率可提高0.4%[①]。根据教育部发布的统计数据，2020年，我国民办高校771所，招生人数2 360 724人，在校生7 913 376人，毕业生1 780 293人，毕业生总数在全国普通高校毕业生总数中占比22.33%[②]。由此可见，民办高校在释放我国人口红利，有效扩大人力资本储量，推动城镇化进程方面发挥了重要作用。同时，民办高校灵活的办学机制优势，造就了它们快速响应市场和区域经济发展对人才需求的反应能力。民办高校可以依据市场发展需求调整专业设置和人才培养结构，以及各专业课程的培养方案，为地方经济及行业企业的发展培养急需的高层次技能型人才。特别是随着市场向应用型转型发展的不断推进，民办高校面向区域经济产业结构的转型升级，向以需求为导向的人才培养模式改革，进一步提高了人才培养与社会需求的契合度，进一步彰显了民办高校在服务区域经济社会发展方面的能力。

另一方面，民办高校灵活的办学机制使得学校自身在面向行业及产业需求进行科研创新和科学技术成果转化方面更具优势，从而更好地服务学

---

① 北京大学国家发展研究院课题组. 教育资源配置对城镇化进程的影响研究. ［EB/OL］. (2023-04-12)［2018-7-23］. https://max.book118.com/html/2014/0526/8468583.shtm.

② 教育部2020年各级各类民办教育学生情况统计表［EB/OL］. (2023-04-12). http://www.moe.gov.cn/jyb_sjzl/moe_560/2020/quanguo/202108/t20210831_556361.html.

校所在区域的经济发展，推动区域城镇化建设和产业转型升级。

我国民办高校具有与市场和企业紧密联系、合作的传统。所以在开展校企合作、搭建产教研学平台以及开展应用型科研项目方面，民办高校拥有得天独厚的条件，可以有效解决公办高校在校企合作方面所遇到的层次不全、成果转化效率低等问题。实践证明，我国民办高校在应用型研究，以及与企业协同攻关技术难题、研发并应用新技术新产品方面取得了一系列成就，有效地提升了当地劳动生产力，提高了劳动生产率，为当地经济社会发展做出了突出贡献。

近年来，随着国家创新创业战略的深入实施，民办高校学生创新创业的优势日渐突出。越来越多的民办高校学生在参与新兴产业相关的科技成果竞赛和国家级、省级创新创业大赛中脱颖而出，显示了巨大的创新潜力。

第三节　民办高校的定位与评价标准

近年来，我国高等教育已经打破精英教育的局限，全面步入大众化时代。与此同时，国际化和市场化的趋势也深刻地影响着我国高等教育的发展环境。四十多年来，我国的民办高校从公立高校的补充地位逐渐发展成为国家高等教育体系中不可或缺的一部分。在高等教育大众化发展的背景下，民办高校如何借助这一历史性的机遇明确自身定位，确立具有辨识度和竞争力的办学特色，以提供优质的民办高等教育服务于社会群体和个体，是我国民办高校当前亟须解决的核心问题。

第一，高等教育大众化对民办高校发展的影响。随着高等教育的普及，教育体系正在不断完善。学生的背景、年龄、个性、特长和需求显得更加多元化和复杂化，这就对高等教育机构提出了更高的要求，即需要高校提供更多的教育机会以及更丰富、更具特色的教育方法。民办高校的兴起优化了我国高等教育的体系，推动了我国高等教育的普及化发展。然而，必须承认，我国部分民办高校在发展过程中也出现了简单模仿公立高校的现象，从而带来了一些问题，如办学定位不准确、办学目标混淆、办学模式重复、缺乏办学特色等。因此，对民办高校的办学定位和办学特色标准的研究已经成为国家对其办学督导评价中日益突出的议题。

第二，高等教育竞争激烈。高等教育改革的深入进行和教育规模的不断壮大，使得民办高校所处的生存环境发生了重大转变。特别是近年我国实行新高考，同时在录取批次和录取方法上进行改革，实行公办高校与民办高校的本科同批次录取。比如，已有的上海（2016 年起）、山东和浙江（2017 年起）辽宁和天津（2018 年起）等地实行一本二本合并录取。由此使得民办高校与独立学院，以及公立高校之间的竞争变得愈发激烈。若民办高校欲在这场竞争中稳步前行，不仅需要对现实形势有着清晰的理解，也需要正确地定位办学目标，以科学的方式确定自己的优势，同时积极推进个性化教育和特色化教育，以独特的方式卓越出众。

第三，高等教育市场化的冲击。鉴于民办特性，民办高校需要将其目标与市场需求相结合，它们具有机制灵活、管理能力强、教学内容实用性强以及专业实践性显著的优势。民办高校在办学过程中须基于社会需求和学生个人需求的考量，充分发挥其灵活的办学方式和高度适应市场的优势，紧密跟随市场动态，精确定位，形成独特的办学特色，以满足市场和学生的需要，并在竞争日益加剧的市场中保持稳定，不断开拓其发展空间。

在信息经济时代，从教育经济的视角看，高等教育可以视为一种"消费品"。在这个场景中，学生作为消费者，而高校则成为教育生产者和供应者，二者在某种意义上构成了"买卖"的双方。学生作为消费者支付了较高的学费，这就要求民办高校在提供教育产品时，不仅要满足学生的个性化需求，还需为学生提供有竞争力的教学产品和高质量服务，实现真正的"价值输出"。在如今竞争日益加剧的教育市场中，实现"价值输出"离不开"卓越于他人，优于已有"的科学定位，以及构建独具特色的办学理念。

一、民办高校定位与特色评价标准概述

是否定位精确与办学是否具有突出特色，是评判民办高校优劣的标准之一。同时，这些标准需要遵循一些基本原则和规范，这些标准都受民办高校内外环境，包括办学条件、办学基础等因素的影响。从某种程度上说，对民办高校定位和特色评价标准的研究，实际上也是对民办高校定位和特色形成机制及其演变的分析。

日益大众化的高等教育为民办高校的成长铺设了道路，而《民办教育促进法》的实施更是为其进一步发展创造了机会。在这些利好条件下，我国民办高校无论在规模还是质量上，都取得了显著的增长。然而，由于其"先天不足"，社会接受度较低，以及对市场的盲目迎合等多重因素的影响，目前我国民办高校普遍面临办学定位模糊、办学特色同质化的问题，这严重制约了民办高等教育的发展进步。

（一）民办高校定位、分类及特色的现实呼唤

科学分类和明确的发展方向是民办高校定位的基础，高等教育机构特别是民办教育机构的定位与分类问题已经引发了广泛的理论探讨。针对办学定位出现的不一致性，研究人员归纳了两种主要模式：一方面，职业教育逐渐升级为普通高等教育，使得职业学院的定位陷入了保持特色与转型升级的两难；另一方面，普通大学的追求目标为全方位综合大学，导致大学定位模式趋于单一。有些研究人员更关注民办高校的层次与定位目标，主张将民办高校定位于高等职业教育领域，避免与公立大学的直接竞争；同时，也有声音强调民办高校应根据自身的具体情况，制定适合自己的定

位策略。本小节将从宏观政策和微观现状的角度深入探讨民办高校定位分类的问题。只有通过宏观视角分析政府对民办高校定位和分类在功能和政策上的空缺，以及从微观角度审视民办高校的独特发展状况，我们才能对民办高校的定位和分类问题有一个全面和清晰的理解。

特色化教学是民办高校教学的一个重要特征，也是现代民办高等教育发展的主流。在我国，一些表现优异的民办高校高度重视探索和建立自己的教学特色，学校管理层意识到：特色是发展的驱动力，特色是实力的象征。尽管我国《民办教育促进法》第四十条规定，"教育行政部门和相关部门应按照法律对民办学校进行监督，以提高教学质量；组织或委托社会中介组织评估教学水平和教育质量，并公布评估结果"，但是关于如何评估民办学校以及如何确立特色教学的具体评估标准却没有明确的操作性规定。正因为政策规定的不明确，一些民办高校在大力提倡"特色化道路"的同时，却落入了"特色同质化"的困境。

（二）研究的意义

科学定位与独特的办学方式是民办高校发展战略的核心，也是在竞争激烈的环境中生存与发展的关键路径。只有有机融合科学定位与特色办学，才能使民办高等教育持续稳健发展。因此，探讨民办高校的定位、分类和特色评价标准具有深远的理论和实践意义。

在理论层面，我们通过研究定位、分类和特色的评价标准，期望找到符合民办高校发展定位和办学特色的形成机制，推动民办高校持续发展。通过国际对比，从战略视角、国际观点以及民办高校发展的特性出发，明确民办高校的定位、分类，构建和创新特色评价指标体系。

在实践层面，随着我国高等教育发展至大众化阶段，民办高校的功能定位开始多元化，形成了具有市场竞争力的综合特性。然而，仍有许多民办高校定位模糊，盲目扩大规模，与公立高校竞争；另外一些民办高校高举"特色办学"的旗帜，但大多选择以满足大众即时需求的流行专业作为特色，造成了"特色一致"的尴尬局面。这些问题的出现往往是因为部分民办高校对于定位和办学特色的理解过于肤浅，追求短期利益，缺乏对定位、分类和特色评价标准的科学、系统和深层次的理解。本小节旨在通过实际调研资料和深入、系统的理论分析，从理论层面解决民办高校发展中定位模糊和特色不突出的问题，提升民办高校的社会适应性和竞争优势，推进民办高校的健康发展，为民办高校制定学校发展战略规划、为政府相关职能部门有效管理民办高校提供参考。

（三）相关概念界定

在满足本次调研需求的前提下，笔者对高校定位进行以下理解，包含了宏观和微观两个层次。宏观定位是指国家政府对高校实施的宏观调整和引导，明确高校的办学特色定位、层级定位及发展方向等。微观定位则是高等院校对自身在社会和高等教育体系中地位的选定与确认，主要涵盖战略规划定位、发展方向定位、学科专业定位、服务定位、办学方向定位、人才培养定位及规模定位等。

对于办学特色有许多不同的定义："学校在长期的教育过程中形成的独特的办学面貌或教育方式，这是学校发展总体中最具代表性的个性风格或特点。""办学实体在学校工作的某一方面特意追求超越其他方面，也超过其他学校的独特而稳定的质量，称为办学特色。""通常是指一所学校在全面的教育工作中所选择的重点，或是通过深化和积累已经出现的某种特色经验，逐渐形成某种富有个性的优点或优势。"

关于"办学特色"的定义，高校理论界有许多不同的解读，本小节采用如下理解：办学特色是指高等教育机构在长期办学实践中形成的适应社会、经济发展需求的独特办学特质，这些特质符合教育发展的规律，对自身的生存和发展具有积极影响。各民办高校的办学特色是其发展优势，也是其生存与发展的关键。因此，研究民办高校的办学特色离不开其基本职责与本质属性——培养人才，进行科学研究，传承与发展文化。

二、民办高校办学特色评价标准的建构

科学定位使得民办高校拥有强大的活力和发展可能性，而实现民办高校办学水平的提升、品牌的创立、获得优秀的社会名誉和效益的关键因素则是民办高校的办学特色。强调办学特色的重要性是符合时代进步的需要的。"特色就是力量，特色就是竞争优势，要'差异化突围，制胜之道在于出奇'，应在'差异'和'出奇'之间作出巧妙的选择。这就要求学校发挥其优势，以特色取胜。"在这个意义上讲，办学特色是民办高校发展的活力之源，它决定了民办高校的存活与成长。因此，建立一个系统、科学的民办高校的特色评价标准对民办高校来说至关重要。

（一）民办高校办学特色评价标准建构的原则、依据与价值

在开始构建办学特色评价标准之前，我们需首先明确"特色"的含义，以及民办高校办学特色所包含的内容。所谓特色，是指某种尤其突出的性质或特征。

根据2004年教育部发布的《普通高等学校本科教学工作水平评估方案（试行）》，特色指的是学校在长期的办学实践中形成的与其他学校不同且具有优质风采的特点。这些特色应该能够明显改善人才培养过程，并显著提升教学质量。对于民办高校的办学特色，它指的是与公办高校相比所展现出的独特性。民办高校的办学特色主要包括以下方面：一是教育模式上的独特性，如特色专业和独特的人才培养特点；二是整体的办学理念和学术策略；三是教学方式上的独特性，包括实践训练、课程构建和教学方法等；四是教学管理上的特点，包括科学先进的教学管理模式和运行机制等。民办高校的办学特色是指与公办高校相比所展现出的独特的整体办学理念和学术策略、教育模式、教学方式以及教学管理等特点。

1. 民办高校办学特色评价标准的建构原则

判断一个民办高校是否有独特的办学理念和办学特色，需要遵循一定的原则。这些原则体现了民办高校自主运营和自我发展的基础要求，对民办高校特色的科学评价产生了直接影响，并对构建民办高校特色具有关键指导作用。正确的指导方向有助于塑造民办高校的特色，而错误的指导方向可能会导致民办高校步入发展误区，导致办学效果逐渐恶化。

（1）全局原则

民办高校办学特色评估的目标是引导这些学校充分发挥自我办学优势，塑造品牌形象，并通过推广具有显著办学特色的典范，拓大其影响范围，从而开辟出一条不同于公立高校的高等教育发展新途径。评估标准应全方位反映高校是否具有办学特色、特色的成熟度，及其推广价值。设计的评估指标必须具有普遍性、代表性和主导性，能充分展现民办高校的特殊优势和创新价值。在执行此原则时，需要进行广泛地讨论、深入地调研，收集意见，仔细分析，避免以局部看全局的偏颇。

（2）精确原则

评估民办高校办学特色的目标是研究特定教育环境中的特定教育现象，并找出其中的共性，以反映民办高校办学和发展的内在规律。一方面，我们需要从现象深入到本质；另一方面，我们不能被表面现象所迷惑，需要在去伪存真的过程中找到民办高校真正的特色。要建立科学的评价模式，我们需要在遵循高等教育通用规律的基础上，准确地理解和把握民办高校的办学特色，以此提炼出客观、可靠、科学的评价标准。

（3）简易原则

由于办学特色的独特性，在构建评价标准时，各个指标之间需要有明显的区别，边界不能过于宽泛或模糊；同时，指标也不能过于复杂，以保持其可操作性；需要有层次感，逐步推进。因此，在制定评价标准时，既要简化评价指标，提取影响办学特色的主要因素，也要使评价结果的得出易于识别和评估。

2. 民办高校办学特色评价标准的建构依据与价值

评估一所民办高校的特定办学发展的指标是否已形成办学特色，是有一定的依据和准则的。

其一，评估高校办学发展的特点是否是长期形成的，即是否拥有持久性。办学特色是在长期办学实践中积累起来的，那些没有长期积淀，只是为迎合市场而设立的短期课程专业和培养管理模式都不能算作特色。

其二，评估高校办学发展的特点是否获得了公众的认可，也就是说，是否具有较高的认可度。办学特色必须得到校内外广泛的接受，包括教职工的接受、就业单位的接受、社区的接受等。

其三，评估高校办学发展的特点能否体现出差异性和独特优势。与异类院校相比，是否表现出差异；与同类院校相比，是否表现出优势；这就是所谓的"人无我有，人有我优，人优我特"。

其四，评估高校办学发展的特点是否具有指导意义，即是否具有持续的稳定性。也就是说，这个特色在办学历程中是否起过关键作用，效果如何，现在是否仍然起作用，如何继续传承和创新，未来是否还需要坚持和完善等。

构建评价标准的价值导向在于指导各民办高校避免出现特色趋同、办学千篇一律的误区，加强民办高校对特色的深入理解，帮助民办高校提高其社会适应性和竞争力，推动民办高校的健康发展，并为民办高校的创办者制定学校战略规划以及为政府相关职能部门有效管理民办高校提供参考价值。

（二）民办高校办学特色评价标准的结构框架及具体方案

1. 民办高校办学特色评价标准体系

鉴于民办高校的教学定位主要为应用型和职业技术型。因此，在研究《普通高等学校本科教学工作水平评估方案（试行）》与《高职高专院校人才培养工作水平评估方案（试行）》中的特色项目指标之后，我们需要考虑民办高校与公办高校的差异。基于民办高校的教学目标和学校特性等因素，结合我国民办高校的发展实践，这些准则仅仅是衡量民办高校办学特色的普遍性指标，不能全面覆盖民办高校所有的办学特色内容。

2. 民办高校办学特色评价标准等级说明及内涵

评价标准等级的核心在于对重要评价观测点的划分，通常可以被分类为 A、B、C、D 四个等级。其中在 A 和 C 等级之间的被视为 B 等级，而低于 C 等级的归类为 D 等级，但通常只会明确给出 A、C 两个等级。参考权重体现了主要评价观测点在各个方面的重要性及其对评价指标的贡献度，评价数值一般在 0.1 到 1.0 之间。

（1）办学特色指导思想

学校应该根据社会需求和环境，找到适合自身的定位，确立发展目标、类型、级别、办学方式和服务面向等方面的特殊性和独特性。民办高校的办学理念应符合职业应用的教育规则，并在办学观念、制度、工作方面进行创新。学校应该明确自己的定位，主张公益办学，积极为经济和社会服务，并按照学校战略特色来创新办学方式和人才培养。如果学校能够全面适应地方或行业发展需求，并具有重大社会影响力，将被评定为 A 级（优秀）。对于那些在人才培养模式、办学特色指导思想、发展目标服务指向、办学方式等方面定位准确，发展规划适应区域经济和社会发展需求的学校，将被评定为 C 级（合格）。

（2）评判办学特色的相关标准

评判办学特色的存在与否主要看学校的特色能否真正满足"人无我有，人有我优，人优我特"的标准，学校的特色是否有足够的资源支持和依靠，校园文化是否能反映学校特色的人文精神。

其一，对于那些特色鲜明、覆盖面广、差异大且难以模仿或复制，对相关人员、财务、物资需求较高的学校，应评定为 A 级（优秀）；而对于那些具有独特之处但易于模仿或复制，其办学特色对相关人员、财务、物资需求较低的学校，应评定为 C 级（合格）。

其二，在对办学特色支持程度的软硬件方面，主要集中在教师队伍和经费投入上。由于民办高校的兼职教师数量较多，流动性大，教师队伍的年龄和职称结构呈现出"两头大、中间小"的现象，这是我国民办高校发展现阶段的一个不足，不利于学校的长期发展。在教师队伍建设上，对于同一层次或类型的民办高校，对于教师队伍（学历、年龄结构）合理、稳定，专业力量特长突出，经费投入持续、充足的学校，应评定为 A 级（优秀）；对于教师队伍和经费投入基本满足办学特色需求的学校，应评定为 C 级（合格）。

其三，学校文化环境受办学特色的影响，同时也影响着学生的成长和发展。每一所民办高校的背后都有一位或一群投资者。他们有特定的投资目标，市场经营意识非常突出，这对民办高校的影响表现为校园内有强烈的商业文化气息。对于那些深度体现民办高校创新思想文化，不受商业文化主导，充分利用办学特色开展主题活动和实践活动，并将办学特色内化为学校特色的学校，应评定为 A 级（优秀）；对于那些具有一定办学特色且有助于学生开展特色活动，没有被商业文化影响的民办高校，应评定为 C 级（合格）。

（3）办学特色的成熟度

办学特色的成熟度主要体现为办学特色的稳定性以及产出的质量和数量。

其一，对于那些办学特色稳定持久，能在公益性和营利性办学发展中保持以公益为主、协调发展，能经受住市场和社会的检验的学校，可以评定为 A 级（优秀）；对于那些办学特色经历过一段时间的积累，基本满足市场和社会需求的学校，可以评定为 C 级（合格）。

其二，办学特色的成果主要反映在科研、理论成果以及人才特色培养等方面。对于那些有影响力的、具有社会可见度的公益支持性研究报告，有出色的、高水平的、充分反映学校专业优势的研究或咨询报告以及公开发表的论文、专著等，且用人单位和社会机构对近几年学校培养的人才的综合评价在地区内处于较高水平的学校，应评定为 A 级（优秀）；对于那些有研究、咨询报告或公开发表的论文成果，用人单位和社会机构对近几年学校培养的人才的综合评价相对满意，具有一定社会声誉的学校，应评定为 C 级（合格）。

（4）办学特色的运行机制

民办高校享有较大的办学自主权，缺少了政府行政干预，这使得它们在运行机制方面具备一定的优势。这些高校的决策机制灵活高效，能够快速应对市场和社会需求的变化。民办高校人才培养机制与市场紧密结合，注重培养实用能力，以适应就业市场的需求。在内部管理方面，民办高校的设置和规章制度偏向市场机制，实行成本控制和绩效评估，以确保办学效益。然而，保障和改善教师的利益是民办高校相对薄弱的方面，需要进一步加强相关政策和措施的引导，以提高教师的工作积极性和教学质量。

民办高校的办学特色在教育模式、培养方式等方面的配套管理机制非常重要。

首先，研究办学特色是关键。优秀的民办高校注重对自身办学特色的研究，并结合地方经济和社会研究设立专职研究机构和人员，学校应将研究成果应用于自身的发展中。他们应积极改革人才培养模式，并以培养应用能力为主线来设计教学方案，此外还应注重提供优质服务和全方位的就业指导。这样的学校应被评定为 A 级（优秀）。对于那些注重学习和研究民办高等教育思想观念，仅坚持以就业为导向的学校评定为 C 级（合格）。

其次，在人才培养模式方面，A 级（优秀）学校以合理的社会需求为导向，充分利用投资办学者的社会资源，主动为行业企业提供服务，积极进行校企合作办学。他们在技术研究、开发、推广和服务方面取得了显著的成果或效益。对于 C 级（合格）的学校，他们在办学中体现了产学研结合的理念、机制和途径，并取得了实质性成效。

在民办高校的办学特色评价中，实训是一个重要的评测点。实训分为校内实训和校外实训两个方面。在校内实训方面，优秀的民办高校建立了具有学校特色的专业师资队伍，拥有技术氛围真实（或仿真）、设备先进、软硬件配套完善的实训基地，并且实训基地的利用率很高，在同类学校中处于先进水平。这样的学校被评定为 A 级（优秀）。而在校外实训方面，优秀的民办高校建立了运行良好且有保障机制的校外实训基地，能够提供良好的实习和实训环境，实习和实训的效果也很好。这些学校被评定为 A 级（优秀）。对于校内外的大多数专业都具备必需的实验实训条件，并且建立了稳定的校外实训基地的学校评定为 C 级（合格）。需要说明的是，实训基地这一评测点主要适用于定位于职业型和技术应用型层次的民办高校。

办学特色的形成和运行需要良好的教学管理机制的支持。在教学管理方面，优秀的民办高校的教学管理机构不受董事会干预，机构健全且结构合理，教师的教学劳动报酬公平，并且能够体现学校的特色风格。这些学校具有特色创新意识和教育管理的研究成果，在同类院校中处于先进水平。此外，这些学校已经能常态化并制度化地开展学生就业服务与指导工作，并取得了显著的效果。这样的学校被评定为 A 级（优秀）。

不同级别的评定标准对于教学质量的要求有所不同。被评定为 C 级（合格）的学校是那些教学重大事务直接受董事会决策干预，但教学管理机构健全、人员数量和素质能够满足需求，工作能够正常运行的学校。虽然这些学校的特色与高质量的教育密切相关，但评定标准更侧重于质量的控制和监督方面。这些学校对教学质量监控体系的把控应用表现出色，并开展了教学督导、学生评教、教师评教和教师评学等活动，取得了显著成效，从而促使教学质量不断提高。与 C 级（合格）相比，被评定为 A 级（优秀）的学校在教学质量方面更为出色。除了在质量监控和控制方面具备优秀表现外，这些学校还每年进行一次社会需求调研、毕业生跟踪调查和新生素质调研。通过对这些调研数据的系统分析，学校可以更好地了解社会需求和毕业生的就业情况，从而优化教育方案，提高教学质量。这种积极的调研工作有助于学校更加精准地满足社会需求，提升教学质量，培养更有竞争力的毕业生。还有一些学校已经初步建立了教学质量监控体系，并展开了教学督导、学生评教、教师评教和教师评学等活动，取得了一定的成效；此外，也开始了社会需求调研、毕业生跟踪调查和新生素质调研，初步开展相关工作。这些学校被评定为 C 级（合格），表明它们在教学质量方面有一定的潜力和发展空间。这些学校在教学质量管理方面正在迈出重要的一步，尽管还存在一些不足，但正朝着更好的方向努力。通过开展教育质量监控和调研活动，这些学校能够更好地了解教学情况和学生需求，从而为优化教育提供重要依据。A 级学校在教育质量监控和调研方面表现出色，教学质量不断提高；而 C 级学校虽然在这方面还有一些进步空间，但已经具备一定的基础，能够保证教育的正常运行，并且积极努力改善教学质量。

办学特色评价的复杂性和多样性要求采用多种评价方法。评价指标的评测应结合定性和定量考察，同时综合考虑硬件和软件方面的因素，以及宏观和微观层面的评测点。在准确了解实际情况的基础上，通过科学分析，首先根据评测点达到相应标准的程度评定等级。然后将评测点的等级乘以相应的权重系数，得出最终的评定等级。最后，将各评测点评定等级相加，并计算该等级指标所占的百分比，根据各等级的百分比数确定学校的特色等级。

这样的综合评价方法能够更全面地考察学校特色，避免片面和主观评价的偏差。通过权衡各个评测点的重要性，确定合理的权重系数，确保评价结果更加客观和准确。这种方法不仅能够综合考虑不同方面的特色表现，还能够量化评价结果，为学校提供明确的特色等级评定依据[1]。

---

① 熊斌. 民办高校的改革与发展模式研究 [M]. 长春：吉林文史出版社，2019：1-21.

第二章 民办高校的发展模式

自 1978 年改革开放以来，我国民办高等教育经历了从无到有、从小到大的快速发展。经过四十多年的探索，民办高等教育不断的探索，大胆的创新突破，在摸索中前行，在办学体制、人才培养、学校治理等方面逐步形成了多样化、特色化的发展模式。

第一节 办学模式

一、企业办学模式

企业办学模式，是指由一些经济实力雄厚、拥有办学意向的民营企业投资办学或将原有的公立大中专院校增加培训机构兼并改制成新的学校。这种办学模式最大的特点是具有行业优势，特别是在民办高校大多数以高级应用型人才作为培养目标的今天，企业可以充分发挥其行业领域的优势，设置与企业相关的特色专业。这类民办高校在培养实践能力强的专业人才方面具有得天独厚的优势。

由企业创办类型的学校，企业办学的原动力往往是源于企业需要大量人才。公办高校由于学校的专业设置和招生容量的原因，存在要么无法提供足够数量的人才，要么提供的人才不能达到企业的要求，因此企业只能靠自己办学培养所需人才。例如，由世界 500 强企业浙江吉利控股集团于

1999 年投资创建了北京吉利大学，办学的初衷是为集团公司提供汽车产业人才；湖南的三一工业职业技术学院办学的初衷是为了按照大型制造企业的用人要求，着力为三一集团及工程机械行业培养优秀的营销、服务、生产管理和高级技工等高级技能型人才，该校于 2017 年 3 月成功上市，等等。随着办学规模的日益扩大、学科专业设置的逐渐增加和完善，这些民办高校已不仅局限于为本集团服务，而是着眼于面向全社会，为各行各业培养大量的实用型人才。2014 年，经教育部批准，北京吉利大学升格为本科高校，培养的毕业生面向社会服务，而不仅仅停留在吉利控股公司内部工作。

企业投资创办的民办高校获得成功得益于有充足的资金投入和对行业市场需求的准确把握。一方面，企业保持稳定的产业运作，可以保障充足的营运资金，缓解了学校在办学中经费不足的问题，能够迅速为新办院校提供办学需要的硬件设施，在提升师资队伍力量方面可以给予财力支持；另一方面，企业投资创办的学校，企业为其把握市场需求，将企业敏锐的市场感知能力应用于学校的发展之中。学校在专业设置、人才培养目标以及教材的选择和使用等方面更能够契合行业市场的需求。此外，企业所具备的丰富的行业产业运作经验也为民办学校所借鉴，可以提高学校的经营效率，降低运营成本。

二、个人投资办学模式

个人投资办学模式的最大特点就是由个体独自出资创办，不依靠社会组织或者社会团帮助提供资金来源或者提供办学的硬件设施。学校在前期的发展中主要依靠办学规模，用"以学养学"的方式滚动发展。创办于二十世纪八九十年代的民办院校，大多是由公办高校的教师或者热爱教育事业的个人创办。

二十世纪八十年代末，一些依托高等教育自学考试、学历考试、行业资格教育的培训机构开始进入教育行业。这些培训机构从一开始租用其他学校的教室起家，专门为高考落榜的学生进行自学考试培训，或者是为在职人员的进修进行业余培训，或者是培养社会需要的专业技能人才，在取得了良好的培训成绩后，这类培训学校获取了一定的社会效益和经济效益，创办者赚取到了创业的"第一桶金"。此后，随着办学口碑的提高和积累，招生数量也不断增多，这些培训机构逐渐发展成为拥有一定固定资产并且在师生数量上极具规模的助学单位。民办高等教育的雏形就此形成。随着办学实践的积累，这些学校的办学成绩日益突出，为社会培养了合格人才，且在教育领域的贡献和影响得到社会和政府的认可。经过对其办学规模、教学质量等多方面的考核，这些助学单位先后被教育行政部门批准为拥有独立颁发国家认可的学历文凭资格的高等院校。比如，丁祖诒1987年投资创办的西安翻译学院、黄腾1992年投资创办的西安外事学院等陕西多所民办高校，经过十余年的积累与发展，被人民政府批准成为具有颁发专科学历证书资格的民办高校，并于2005年被教育部批准具有颁发本科学历证书资格的民办高校。

优秀的师资队伍是保证教育质量的重要因素，而吸引和留住优秀的教师需要支付合理的薪酬和提供良好的工作环境。因此，创办者需要在有限的资金下制订合理的薪酬计划和人才培养计划，以吸引和留住人才。创办者还需要投入大量的时间和精力来制定学校的办学理念和教育目标，建立起学校独特的教育特色和文化。这需要深入了解当地教育市场的需求和竞争对手的情况，以便为学生提供有竞争力的课程和教学方法。创办者还需要与政府相关部门进行合作和沟通，获得教育许可证和资质认可。政府的支持和认可对于学校的持续发展和吸引学生的信任至关重要，创办者需要花费大量的时间和精力与政府协商并履行相关法规和政策。例如，地处"六朝古都"的历史文化名城南京的三江学院，1992年3月，由东南大学陶永德、戚焕林，南京大学丁承慜，南京职工大学谢明才四位退休和即将退休的教授、教育管理工作干部发起并创办。该校是我国改革开放后最早建成的四所民办本科高校之一，创办者结合自身的教育教学以及管理经验，结合当地发展对人才的实际需求，找准学校的发展模式和办学特色，经过多年的发展，2017 年获批江苏省硕士学位授予立项建设单位。

三、民办公助办学模式

民办公助办学模式是指民办高校在创办的过程中，在自筹资金的基础上，得到了当地政府在土地、校舍、事业编制和财政拨款等形式上的资助，但是在办学的过程中政府并不参与到学校管理之中，学校具有独立的法人地位。

该办学模式的典型代表有北京城市学院、浙江树人大学、西安培华学院等近十家民办高校。这类民办高校有的是在创办之初就得到政府的资助；有的是来源于公办学校转制前的积累。转制后政府不再参与学校的日常运作，但是依旧保有原有投入。这类民办高校最大的特点就是创办时间早和个体色彩淡薄。学校创办主体依靠社会团体获取资金支持，或依靠政府部门获取社会资源，采取联合办学形式，这样可以减轻办学风险，同时降低了学校发展中的个人色彩。和其他民办院校一样，民办公助型高校也是经费自筹，或依靠学生的学费滚动发展，或者是与企业合作办学。不同的是这类学校在办学中有政府的参与和社会组织的支持，随着时间的推移，民办公助型高校在民办教育领域具有先发优势，且与政府或企业联合办学，形成了独特的办学模式。这种合作关系不仅为学校创办者提供了必要的资源和支持，也为学校赢得了社会的认可和信任。部分民办公助型高校已经成功实现初始创办主体退出学校管理主体的位置，顺利转接了办学实权，步入了稳步发展的阶段。这表明这些学校在建立了自身的品牌和声誉后，能够吸引更多的学生和企业支持，并获得更广泛的捐赠资金等办学资源。尽管这类学校在资金来源方面渠道更为多元化，但它们仍然需要在办学过程中保持良好的财务管理制度和财务支出的透明度，确保捐赠资金的合理使用和学校的可持续发展。

教育资源的合理分配和使用对于学校的发展至关重要，民办高校在发展中需要与政府、企业以及社会各界建立紧密的合作关系，以确保优质教育资源的可持续供给。同时，政府也需要继续加大对民办学校的财政支持力度，为其提供更多的政策支持和资金保障，以促进民办高校的稳定发展。民办公助型高校在过去几年中取得了良好的发展业绩，其较强的社会公信力和更多元的资金来源使其能够更好地满足学生和社会的需求。这些学校在教育领域的先发优势和与政府合作的模式建立使其具备了可持续发展的基础。我们应该继续支持和鼓励这类学校的发展，创造更加有利于民办高校持续发展的环境。只有通过政府、社会和学校的共同努力，才能进一步提升民办高校的教育质量和社会影响力，为社会培养更多优秀的人才，推动教育事业的发展。

四、混合所有制办学模式

混合所有制办学模式是基于对传统公司产权结构和治理模式的变革与创新。民办高校借鉴国有企业在混合所有制改造中的实践经验，将其应用于我国民办高等教育中。主要有以下几种模式。

第一，民办高校引入国有资本。公办院校每年能够享受国家的财政拨款或者贴息贷款，民办高校在政策上则没有这些待遇。为了获取国家的财政支持，民办高校引入国有企业加入学校的办学之中。比如，2000 年 6 月，陈明宇创办的紫琅职业技术学院在 2012 年引入江苏省教育发展投资中心资本，并向对方提供 5% 的股份，成为有国有资产参与的“混合所有制”学校。正值学校从专科升格本科的关键时期，学校获得了 1 000 万元的资金投入，这笔投资使得学校在校园建设和教学设施建设等方面得到了加强。此外，投入资金还用于加强师资力量的建设，从而提升了教学质量，学校的美誉度也不断提升。与此同时，政府也积极投入资金来支持民办院校的发展。以上海市为例,上海市政府设立了民办教育政府扶持专项资金,为上海济光职业技术学院等几所民办高校的学生提供内涵建设的经费支持,补助标准是给每位学生 500~1200 元。这种政府的投资支持为民办高校提供了广阔的发展空间和资源,促使这些高校能够加强教学质量和设施建设,不仅使学校能够更好地满足学生的教育需求,也有助于提升学校的声誉和竞争力。

第二,多种形式的资本合作投资。在混合所有制的办学模式中,民办高校的办学投资也有由公办院校和国有资本或者民营资本,以及外资共同投资举办的学校,其中最典型的是以公办院校为母体举办的独立学院。这类独立学院是我国高等教育办学体制创新的产物,是公办大学与社会组织或者个人合作利用非国家财政性经费创办高校一种新型办学模式①。在这种模式下,企业负责投资校园和校舍的建设,以及教学硬件设备;公办大学负责教学活动或者学校管理工作。该合作模式充分利用了公办高校既有的师资优势和学校管理经验,同时又充分发挥了民间资本可灵活使用的优势,办学伊始就比个人独自办学的民办高校具备高起点和跨越式的发展基础。截至 2016 年 5 月 30 日。全国共有独立学院 241 所,占全国 2 738 所普通高等学校的 8.8%,占全国 771 所民办高校的 31.25%。

第三,公办高校和民办高校委托管理是一种新型的学校管理模式。专业机构或公办高校在管理事务方面拥有丰富的经验和技能,能够提供更专业的管理支持和指导。他们可以针对学校的特点和需求,制定适合的管理策略,优化学校的运营和管理流程,从而提高学校的管理效率和办学质量。委托管理模式可以促进公办高校与民办高校之间的资源共享和协同发展。通过委托协议,双方可以共享教师、教学设备和教材等资源,提高教学质量和资源利用效率。同时,双方还可以开展合作研究和人才培养等方面的合作,进一步提升学校的学术水平和影响力。对于民办高校而言,委托管理模式为其提供了获得公办高校的管理经验和资源支持的机会。通过

---

① 阙明坤.职业院校探索混合所有制的有效形式[N].中国教育报,2015-03-26.

与公办高校合作，民办高校可以提升办学水平和知名度，增强自身的发展实力。委托管理模式还可以吸引更多的优秀教师和学生，进一步提升学校的教学和科学研究水平。委托管理模式在提高学校管理效率和办学质量的同时，促进了教育资源的共享和协同发展，它为民办高校提供了更多的发展机会和强化实力的途径，对整个高等教育体系的优化和提升起到积极的推动作用。但是，在推广过程中需要注意委托双方的合作机制和管理协调机制，确保各项规定得以有效执行，以充分发挥委托管理模式的优势①。

第四，政府部门和社会资本的合作办学。这种模式可以整合各方资源，包括资金、土地、人力等，实现资源的优化配置和有效利用。通过共同投入资金和资源，高校可以更好地满足教育需求，提供更好的学习环境和设施。公私合作共建院校基础设施模式可以为高校提供更多的资金支持和技术支持，有助于提升办学条件和教育质量。新建或改造的基础设施可以提供更好的教育资源和学习环境，改善教学效果，并提升学生的学习体验。

公私合作共建高校的办学模式能够鼓励创新和实践，并且推动教育模式的创新。通过引入社会资本方的经验和专业知识，可以培养具有实践能力和创新精神的学生，适应社会需求。公私合作共建高校的办学模式可以促进教育体制改革和教育发展，通过引入社会资本，可以推动教育管理、教学质量评估等方面的改革，提高高校的竞争力和适应性。

要实现上述发展目标，政府部门和社会资本需要建立起互信互利的合作关系，明确各自的权益和责任。同时还需要制定具体的合作协议和管理机制，确保合作的稳定性和可持续性。相关法律和政策的制定和完善，也为公私合作共建高校的办学模式提供了有效的保障和指导。通过政府和社会资本的合作，学校可以更有效地建设现代化的校园设施，满足师生的学习、生活和培训需求。多种形式的办学体制模式成为中国民办高等学校发展的一大特色，推动了中国高等教育的整体发展。

---

① 阙明坤. 职业院校探索混合所有制的有效形式 [N]. 中国教育报, 2015-03-26.

第二节　人才培养模式

一、行业学院培养模式

行业学院培养在民办高校转型发展过程中更是成为应用型人才培养的主要模式。行业学院是民办高校与企业单位之间紧密融合的产物，此类学校最大的特点是围绕企业的生产、产品、技术以及服务等四个主要方面开展人才培养工作，建设科技服务生产为目标的应用型专业学院，为行业培养各类专门人才。

行业学院以定向培养项目为依托设置培养方向，与企业共同制定人才培养方案，确定培养目标，共同商定课程体系建设、实施培养过程、评价培养质量，最终将人才引进到合作企业或者本行业中去。民办高校以行业学院培养模式为抓手，通过与企业的紧密合作，大力提高学生的学习能力和实践能力，以满足行业企业对应用型人才的需求，达到高校转型升级的标准以及对区域经济发展服务的要求。

二、产学合作培养模式

产学合作培养模式，指的是合作双方在共同协定的制度环境下，为实现各自或彼此共同的目标，学校与企业双方以资金和科研技术或科研人才等资源为基础进行配置和优化，进行技术创新、管理创新的过程。产学合作培养模式是指合作关系建立在产学合作结构以及双方利益分配上的关系。例如，西安翻译学院的二级分院——信息工程学院依托创新性应用型人才培养的目标要求，落实产学一体化的发展思路，改变校企合作中教学难以组织、教学质量无法保障，以及高校和企业合作双方在实践中的教学投入力量不均衡现状，主动探索人才培养技术，开启与合作企业协同育人办学模式。高校与企业合作商定人才培养方案，选定教学使用教材；企业根据人才培养的目标需求派出技术人员或者科技人员给学生授课，并指导学生开展科研。在教育部公布的《2017 年第一批产学合作协同育人项目立项名单》中，西安培华学院、西安外事学院、西京学院、西安欧亚学院等多所民办高校与新道科技、东软睿道教育、厦门网中网软件、中软国际等公司合作，在教学课程设计和课程体系改革、师资队伍培训、校内外实践基地建设等方面获批立项十余项。

三、校地互动培养模式

校地互动培养是指高校与所在的地方政府、行业企业等政府机构或者社会组织，在教学、科研、社会服务、校企、校政交流等方面，相互合作，共生发展。校地互动培养模式更加强调和注重"地方性"和"应用型"，以服务地方经济社会发展为主。实践表明，发展特色鲜明、科研实力较强、师资力量强大、人才培养质量较高的新建民办本科院校都非常重视在人才培养中的"校地互动"。

四、订单培养模式

订单培养模式是指企业根据对本单位或者本行业的人才需求与高校商定人才培养计划，并展开具有对应性的专项学生培养工作。这种培养模式源于改革开放初期企业在学校开展的"委托培养"项目模式：由人才需求单位向高校提出所需人才的数量、知识能力水平以及职业技能等方面的要求，在合作协议时间内合作高校向企业提供相应数量与质量的合格人才。该模式最大的特点是双方共同设计制订人才培养计划，共同设计人才培养方案和监督人才培养过程，以人才是否能够胜任岗位需求作为考核人才的培养结果。

订单培养模式是民办高校常见的一种人才培养模式。比如，西安翻译学院不断深化教育教学改革，积极探索以就业为导向的"订单式"人才培养模式。高校积极和企事业单位进行深度合作，共同打造"订单式"培养模式。西安翻译学院以旅游管理专业的"西译亚朵班"的成功模式为引领，不断推进"企业冠名班""校企深度合作订单班"等人才培养模式，分别与北京广慧金通教育科技有限公司、山西优逸客科技有限公司、陕西华洋对外经济技术合作有限公司、清北培才（北京）国际教育科技集团有限公司、青岛鹏腾、阿里巴巴生态圈企业、京东商城、中粮可口可乐饮料（陕西）有限公司、海信、百度推广、统一等十多家企业等签订了"奖助学金共建""联合培养方案"等协议文件，由校企双方共同制定培养方案，开展定向人才培养工作，促进学生就业的多方向、多渠道选择。订单培养模式也是民办高等职业院校开展人才培养的特有形式。比如，广州城建职业学院以"订单培养"为抓手，推动人才培养模式改革，促成校企、校政共同协作育人，学校先后组建了 20 个"订单班"，允许企业全程参与教学和教学管理，为学生"毕业即就业"创造了条件。

五、创新创业培养模式

创新创业培养模式是一种培养适应未来需求的高素质专门人才的方法。该培养模式以学科教育为基础，着力培养学生的通识基础、综合素质、专业适应性，并注重培养学生的创新精神和创业能力。创新创业培养模式的核心是为未来社会和经济发展需要提供具有创新能力和创业精神的人才。这种模式培养出的人才不仅具备扎实的专业学科知识，还具有广泛的综合知识背景和综合素质，他们具有良好的沟通能力、团队合作能力、领导才能等综合素质，以适应未来复杂多变的社会环境和工作需求①。这种培养模式最大的特色就是要培养学生具有创新精神和创新意识，形成创新思维和创新能力，并通过一系列的创新性行为取得创新成果；他们具备开拓创新、组织沟通等企业家的素质，并具备专业技术，善于发现和寻找商业机会，通过创造性的生产或经营活动进行商业行为并获取效益。

六、典型案例②

西安翻译学院高度重视创新创业教育，实施"一把手"工程，学校领导班子视野开阔，观念新颖，伴随内涵发展、"互联网+"创新创业的大潮，扬帆远航。早在 2015 年，西安翻译学院就成立了创新创业学院，并被陕西省教育厅批准为"2017 年陕西省高等学校创新创业教育改革试点学院"，实现了地点、人员、资金等资源到位，实现了创新创业课程全覆盖，建立了创新创业五环制导师库。学校投资 5.6 亿元人民币，在西安高新开发区建立了一个面积达 5 万平方米的大学生创新创业孵化园。此外，学校在校园内投入了七百余万元，用于加强大学生创业孵化基地的相关建设。这些举措旨在将创新创业教育贯穿人才培养的全过程，探索并实施"创业课程、实践训练、学科竞赛、成果孵化"四位一体的培养模式。通过专业教育与创新创业教育的有机结合，西安翻译学院积极培养大学生的创新意识和创业能力，取得了显著的成效。作为创新创业教育的重要推动者，西安翻译学院先后被评定为"西安青年创业培训基地"、"省属创业培训定点机构"、省级"众创空间孵化基地"和全国民办高校创新创业师资培训示范基地。这些荣誉的评定体现了学校在创新创业教育领域的卓越成果。西安翻译学院致力于为学生提供一系列创新创业教育和培训项目。通过创业课程的设置，学生可以学习创业知识、学习创业技能以及了解市场运作等

---

① 周海涛《中国教育改革开放 40 年：民办教育卷》，北京师范大学出版集团，2019 年。
② 资料来源于西安翻译学院校史馆。

方面的知识。实践训练项目为学生提供了创新创业实践能力的锻炼机会，让他们亲身经历和参与创业过程。学科竞赛则是促使学生展示实际创新能力和才华的平台，学校提供成果孵化平台，有助于学生将创意转化为实际的创业项目。

（一）显著的合作成果

西安翻译学院构建了与地方政府、主管部门、社会各界创新创业教育机构进行合作育人的协同机制。目前学校已与陕西龙寰集团、陕西微软创新中心、招商证券投资者教育基地、北京职航创业教育科技有限公司、咸阳市杨陵区管委会等多家知名创业教育机构签订了创新创业教育合作项目协议，共同培养创新创业人才。

（二）丰硕的教学成果

通过创新创业教育的开展，西安翻译学院形成了争先创新、争先创业的良好局面，学生参加创新创业实践的比例逐年增加。在传统课程改革方面，学校实现了创新创业教育线下 100% 案例教学。网络教学改革方面，学校购买了部分线上课程，作为线下课程的补充来开展创新创业教育，实现了创新创业教育通识课程对学校所有专业学生的全覆盖。2016 年 8 月，西安翻译学院出版了自编教材——《大学生创业基础》，实现了学校创新创业教育教材建设的新突破。

（三）多彩的实践成果

西安翻译学院积极组织学生参与全国及省市大学生创业竞赛活动，并获得国家级、省级大赛的金、银、铜奖项三十余项。学校在校生和毕业生中自主创业人数达数百人，项目数量百余个，带动大学生就业人数近千人，造就了一批成功学生创业典型和教师创业典型，处于本省同类学校前列。特别是在 2016、2017 年团中央、教育部等部委联合举办的"挑战杯"

"创青春"全国大学创新创业大赛中，西安翻译学院学生创业项目及作品连续两年以骄人的成绩进入国赛，是陕西唯一一所连续两年入围的民办高校。2019 年，西安翻译学院获得教育部"2019 年度全国创新创业典型经验高校"荣誉称号，获得科技部"国家级众创空间"荣誉称号；2020 年，荣获"年度双创示范高校"央视网大奖；分别在 2021 年和 2022 年的"互联网+"大赛中连续两年取得国赛铜奖项两个，省赛金奖 7 个、银奖 14 个、铜奖 25 个的好成绩。

（四）全面的文化建设

西安翻译学院定期组织从事创新创业教育的导师带领学生形成研究团队，鼓励学生参与申报各类各级创新创业课题，支持学生参与创新创业的优秀学生参加校内外学术活动。定期举办各类创新创业大赛及各类创新、创意设计等专题竞赛。通过互联网、报刊、广播、电视等媒体，积极宣传学校创新创业教育的新举措，创新创业工作的新成效和典型人物，营造浓厚的大学生创新创业文化氛围。

第三节　政府管理模式

一、财政扶持型模式

民办高校的办学经费主要依靠学费收入。长期以来经费匮乏是制约民办高校发展的主要瓶颈问题。当政府在财政上给予民办高校扶持，能够对民办高校的发展产生显著的良性发展效果。

比如，从 2012 年起陕西省财政厅每年预算 3 亿元设立为民办高等教育发展专项基金，用于帮助民办高校在社会服务、信息化建设以及师资队伍建设或者实验室和实习实训基地等方面的建设，以及学校在科学研究、表彰和奖励为民办高等教育做出突出贡献的集体和个人等方面①。截至 2020 年，陕西省财政累计付专项资金 34 亿元，帮助民办高校办学基础能力得到全面提升。2016 年，陕西省委、省政府再度明确，省级财政继续设立民办高等教育发展专项基金，支持一流大学、一流学科、一流学院、一流专业（以下简称"四个一流"）建设计划，给予民办高校奖励支持。每年安排 4 亿元用于支持非营利性民办高校重大项目建设。山东省政府启动了支持民办本科高校优势特色专业建设，对优质民办高校给予奖励。2016 年，山东省财政厅下发 4 000 万元，支持 12 所民办本科高校 20 个优势特色专业建设，每个专业安排支持 200 万元，鼓励和引导民办本科高校在人才培养模式、课程体系、教育教学方法创新、实验实训条件、"双师型"教师队伍建设等方面进行应用型人才培养改革和探索，提升民办本科高校人才培养能力。从 2014 年至 2016 年，累计安排 1.18 亿元②支持民办本科高校 60 个优势特色专业建设，帮助山东英才学院等民办高校提升在优势特色专业上的建设。

二、土地优惠型模式

土地是民办高校办学的基础，部分省、市通过返还土地出让金、无偿划拨等土地优惠政策扶持民办高校的发展，使得民办高校从中获益。

陕西省于 2000 年发布了《陕西省人民政府关于进一步办好民办高等教育的决定》，其中明确规定民办高校建设应根据国家规定纳入当地建设规划，并享受与公办高校同等的减免建设配套费用优惠政策。此外，政府鼓励企事业单位和公办学校将闲置的场地、设施、设备等资源优先出租或

---

① 《陕西省人民政府关于进一步支持和规范民办高等教育发展的意见（陕政发〔2011〕78 号）》，2011-12-30。

② 资料来源于山东省财政厅官方网站：http://czt.shandong.gov.cn/art/2016/5/13/art_21859_4157032.html.

转让给民办高校，为民办高校的办学提供便利。

重庆市于 2008 年发布了《重庆市人民政府关于促进民办教育发展的意见》，要求各区县政府以及市政府相关部门将民办学校办学用地纳入城镇建设土地利用总体规划，并允许民办学校采用出让的方式获取新建、改扩建用地，同时对教育教学用地采取先交纳土地出让金再申请返还的收支两条线办法。这些措施为重庆市的民办高校新建和发展提供了支持，国土部门将民办学校用地纳入城镇建设土地总体规划，并给予了优惠政策，包括先交后返和直接优惠等方式。

江西省南昌市昌东高校的新区建设用地于 2002 年以无偿划拨的方式优惠给学校。政府免除了新增建设用地 70% 的征收费用，并减免了契税和耕地占用税，对建设配套设施费用也给予优惠。征地补偿费等问题由当地政府与用地学校进行协商解决。

此外，珠海市政府为北京师范大学珠海分校、北京理工大学珠海学院等民办高校划拨了五千多亩土地作为学校建设用地。这些民办高校以土地资源为驱动，采用独立学院的模式进行办学。类似的例子还有 2005 年海南省为支持三亚学院的建设，划拨了三千亩土地。当地政府优惠政策的实施为陕西、重庆、江西等地民办高校的发展提供了良好的基础和条件。通过优惠政策，这些受政府扶持的民办高校得到了用地和建设方面的支持，为它们成为地区乃至全国民办高校中的一张名片打下了坚实的基础。

三、师资配置型模式

师资力量是高校培养人才、提升教学质量的关键因素，也是学校树立社会品牌，提升社会声誉，提高服务社会质量的保障。民办高校所在地政府为提升教育质量，多种方式加强对民办高校的扶持，通过对师资队伍建设的扶持，帮助民办高校的高质量发展。2010 年，上海市在实施《上海市中长期教育规划纲要》（2010—2020 年）"十大工程"中的"教师专业发展工程"时，给予民办高校和公办高校教师同等待遇，实现了民办高校教师出国进修学习、科研教学以及学生的实践指导等项目和公办高校教师等同待遇的全覆盖。上海市教委自 2009 年起，鼓励民办学校参照企业管理中的年金制度实施教职工年金制度，为专任教师缴纳年金，缩小民办高校教师与公办高校教师在退休待遇方面的差距。另外，从 2012 年开始，为提升民办高校的教学水平和教育质量，上海市教委每年预算划拨 2 000 万元财政专项资金，用于投入民办高校青年教师以及学校管理干部的培训，同时支持青年教师进行海外进修，开展产学研实践。特别值得一提的是2012 年，上海市针对民办高校教师工资待遇低的状况，制定文件引导民办高校学校，将学费收入和办学结余同专任教师的工资收入挂钩，并设定比例要求，而且将此项内容作为审查政府扶持专项资金在民办学校投入使用的重要依据之一。

政府通过加强对民办高校的支持政策的制定，发挥政策的导向作用，通过企业年金等多渠道提高民办学校专任教职工退休待遇。比如，宁波市政府给予宁波大红鹰学院八百个事业单位编制，吸引人才进校，稳定人才支持学校发展。

四、严格管制型模式

各地政府以多种方式扶持民办高校发展的同时，也会依据国家政策对民办高校实行严格管理。

一方面，严格执行民办学校财务监管制度。比如，2010 年上海市要求全市所有民办学校安装财务网络监管平台，推行资金专户监管的财务管理制度和会计核算方法。按照财务监管制度，学校的举办者只能对财务项目中的 14 个项目进行自主支配使用，其余项目需要由监管单位审批后使用。2013 年，广东省在《关于促进民办教育规范特色发展的意见》中指出，民办学校要依照《中华人民共和国会计法》和国家统一的会计制度进行会计核算、编制财务会计报告等，建立和完善内部预算管理制度，健全财务管理制度，实行财务公开，保障学校教学和人力资源等各项办学因素都投入到位。对于从财政部门和其他行政主管部门取得的指定项目和用途的专项资金，要按要求存入主管部门审核后的银行专款账户，确保专款专用，做到单独核算。2018 年，浙江省财政厅发布《浙江省民办学校财务管理办法》浙财科教〔2018〕7 号文件，根据该文件第二章第九条的规定，民办学校财务机构负责人（会计主管人员）需要遵守回避制度。在董事会、理事会或类似决策机构中，他们的直系亲属不可以同时被聘为民办学校财务机构负责人（会计主管人员）。此外，民办学校财务机构负责人（会计主管人员）的直系亲属也不能在本单位的财务机构从事会计工作。制定这些规定目的在于维护民办学校的财务独立性和公正性，防止利益冲突和不当行为的出现。财务机构负责人（会计主管人员）以及他们的直系亲属必须遵守这些规定，并确保遵循透明、公平的原则进行财务管理工作[1]。民办高校的创办者凭借实物或者土地使用权、知识产权以及其他财产投资的，必须在学校法人登记成立后一年内办理过户手续，将资产过户到学校名下。

另一方面，政府不断加大对民办高校的管理力度，加强监督和检查。山东省首批派出了 24 名督导专员和党建工作联络员，前往全省 24 所民办高校开展相关督查工作。这一举措旨在加强山东民办高校的党建工作，提升党组织的组织力和凝聚力，并促进教职工和学生在思想上、政治上的进步。通过这些督查工作的实施，为民办高校的健康发展提供坚实的基础，同时也为培养合格的高级人才和塑造良好的校园文化做出积极贡献。山东民办高校的党建工作都得到了督导专员和党建工作联络员的精心指导和管理，为助力加强党的全面领导，巩固党的基层组织，建设高素质的党员队伍，以及各高校党建工作的长期发展提供有力支持。通过这些努力，山东

---

① 《浙江省民办学校财务管理办法》浙财科教〔2018〕7 号，http://www.zjmbjy.net/detail.asp?id=7856。

民办高校能够更好地履行其使命和责任，为培养高质量人才和推动地方教育事业的繁荣发展做出更大贡献。山东师范大学老干部处党总支书记张绪俊，2010 年被选派到山东外事翻译学院担任党建工作联络员和督导专员[①]。2011 年，江西省 13 所民办高校新派或委派了 13 位政府督导专员，分别兼任所在民办高校的党委书记。

　　陕西省对民办高校及独立学院开展年检工作，2014 年全省 27 所民办高校检查结果为合格，2 所民办高校检查结果为基本合格，1 所学校未接受年检而被要求整改。基本合格的学校被要求按照专家组反馈意见，加大学校整改工作力度，纠正不规范的办学行为。同时政府要求基本合格的学校尽快落实投资主体，加大资金投入，加强基础设施建设，完善办学条件；完善内部管理机制，加强师资队伍建设，提升办学水平[②]。基本合格学校的整改期限为半年，并要求学校完成整改后还要及时将整改情况书面报送省教育厅。

---

　　① 《山东向民办高校选派党建工作联络员和督导专员》，https：//www. dtdjzx. gov. cn/staticPage/jcdzzjsw/scoexper/20170216/614541. html。

　　② 《陕西民办普通高校独立学院 2014 年年检结果公布》，http：//sx. sina. com. cn/news/b/2015-05-16/detail-iavxeafs7584727. shtml。

第三章　民办高校内部治理的演进历程

2013年11月党的十八届三中全会在北京召开，大会提出："全面深化改革的总目标是完善和发展中国特色社会主义制度，推进国家治理体系和治理能力现代化。"国家已明确将推进国家治理体系和治理能力现代化作为全面深化改革的总目标。而国家治理体系和治理能力的现代化就是指国家的治理体系制度化、科学化和规范化。伴随国家治理体系和治理能力现代化建设进程加快，对民办高校"治理"的研究也成为教育领域的热点之一。

"治理"是指对各种公共的、私人的或者个人和机构等事务的管理，以及其共同事务的诸多方式的总和。它是使相互冲突的或不同的利益得以调和并且采取联合行动的持续的过程"①。民办学校治理是内部治理和外部治理的整合。民办学校的内部治理是指由学校的创办者、管理者以及师生群体等内部力量驱动，是内部利益主体之间权力配置模式和运作机制的一种外在表现；外部治理是指由学校外部力量驱动，是学校与外部利益相关者之间的权力分配模式和运行机制。内部治理是民办高校增强自主办学治校的能力，提高办学质量，是实现学校可持续发展的内在要素。外部治理是民办高校与教育行政主管机构，即政府、社会、市场以及企事业单位等多元利益主体之间正式、非正式关系和权责关系模式。民办高校的外部治理重点在于使各利益相关者在权利、责任和利益上相互制约，实现办学的外部效率和公平的合理统一。改革开放四十多年来，以国家制定政策为引导、地方开展试点进行探索、民办高校积极实践这三者有机结合构成了我

---

① 俞可平：《权利政治与公益政治》，北京：社会科学文献出版社，2000：113。

国民办高校的治理体系。民办高校内部治理体系经历了从多元到统一、从非理性到理性、从宽松到精细、从传统管理模式到现代治理模式的转变。民办高校内部治理体系的演变轨迹为我国高等教育体制改革、构建中国特色现代大学制度提供了有益借鉴。

　　在民办高校恢复发展的过程中，这些高校根据社会发展不断深化改革，提升管理水平，完善内部治理体系。在民办教育恢复起步期（1978—1992 年）、快速发展期（1993—2002 年）、规范发展期（2003—2015 年）和内涵式发展期（2016 年至今）等各个阶段，国家和地方政府在民办高校内部治理方面，政策导向和民办高校内部治理的实践都有阶段性的鲜明特征。

第一节　恢复起步期（1978—1992 年）

　　改革开放以后，国家的现代化建设需要大量的人才，为了跟上社会发展要求和工作单位的发展要求，越来越多的人需要进行专门的职业培训或者专业学习。此时的公办高校不能满足这一需求，于是激发了一些有识之士的办学热情，他们开始创办培训班。培训学校如雨后春笋般兴起，民办教育开始复苏。北京城市学院、西安翻译学院、西安外事学院等民办高校就是在这一时期迅速发展起来的。这个阶段中国民办高校基本处于"野蛮生长"的状态，或者是依靠经验管理的治理状态。此时国家关于民办教育的相关政策文件中也很少有涉及民办高校内部治理问题的规定。

　　在恢复发展的时期，面对民办高校财务管理混乱、教学管理不规范、科学研究乏力、社会服务不足等现象，国家相继出台有关政策文件进行引导和规范。1987 年 7 月，根据原国家教委发布的《社会力量办学的若干暂行规定》对民办学校的财务管理进行了规定。规定要求民办学校建立健全财务管理制度，坚持财务公开，并接受国家财政、银行、审计、教育等有关部门的监督和检查。制定这些规定的目的在于确保民办学校的财务管理规范、透明，并提高其整体办学质量。紧接着在 1988 年 10 月，原国家教委发布了《社会力量办学教学管理暂行规定》，旨在鼓励和支持社会力量办学，提高其办学质量，促进其健康发展。该规定适用于社会力量举办的、未取得颁发国家学历证书资格的、面向社会招生的各级各类学校及其分校、分部，以及独立设置的培训中心、各类培训班、辅导班、进修班等从事教学活动的组织。根据这一规定，这些教育机构需要根据有关规定，根据办学规模、层次、教学形式等因素设立教务或教学管理机构，并建立健全教学管理制度。此外，该规定还鼓励这些机构积极开展教研活动，以提升教学质量、不断改进教学方法和内容；要求学校根据经济建设和社会发展对人才的需求来制定明确的培养目标；学校要经常征求教师和学员以及用人部门对学校教学工作的意见，对他们提出的合理要求或建议，应及时予以解决和采纳①。这是国家开始引导民办学校注重教学管理，并首次在政策文件中建议民办学校吸纳利益相关者参与到学校的内部治理之中的规定。

1992 年以后，我国民办教育迎来改革开放后的第一轮大发展，民办高校内部治理也进入新的阶段。

第二节　快速发展时期（1993—2002 年）

由于社会经济发展的需要，民办高等教育进入快速发展阶段，中央和地方政府越来越重视民办高校的内部治理，连续发布相关政策，要求民办高校完善内部治理框架。

1993 年 8 月，原国家教委颁布改革开放后第一部针对民办学校的行政规章《民办高等学校设置暂行规定》，对民办高等学校的办学方针、设置

---

① 《社会力量办学教学管理暂行规定》国家教委，〔88〕教高三字 017 号，1988-10-24。

标准、评议审批、变更与调整等进行了规定。具体内容包括对民办高校的党团组织设置、校长聘任等内部治理要素做出的规定："根据相关规定，学校应建立共产党、共青团和工会组织，以及必要的思想政治工作制度。"这意味着民办高等学校应设立相应的党支部、共青团组织和工会组织，并制定相应的工作规定，确保这些组织能够有效履行职责，发挥积极的作用。对于聘请兼职教师，民办高等学校必须经过其所在单位的同意，才能签订聘用合同。也就是要求学校需要与兼职教师所在单位进行协商并达成一致，才能正式聘用其为兼职教师。合同的签订是保障兼职教师权益的重要方式。民办高等学校校长的任免须报省级教育行政部门核准，这意味着学校在进行校长的任免时，必须向所在省级教育行政部门报告并获得核准。这是确保学校校长人选符合相关要求的措施。当国家明令撤销民办高等学校时，校长有责任对学校在校学生进行妥善安置，这意味着校长需要采取相应措施，确保学生能够依法享受教育权益，并顺利过渡到其他学校。这是保障学生权益和维护教育系统正常运行的重要举措①。1996 年，原国家教委出台《关于加强社会力量办学管理工作的通知》，对民办高校加强领导与管理，进一步加强对社会力量办学的审批制度，加强对学校教育教学质量的检查和评估，对学校的财产财务制度等也提出了更加明确的要求。在民办高校恢复发展的初始阶段，各个学校为了提升招生数量，招生时有个别学校发布虚假的招生广告。基于此，在《关于加强社会力量办学管理工作的通知》中专门对招生广告（简章）的审核和管理也做了规定。这是对民办高校的招生工作首次提出管理规定。

山东省委高教工委和省教育厅于 2008 年 8 月制定了民办高校督导专员党建工作联络员选派和管理暂行办法及具体实施办法，这一举措旨在促进民办高校的健康发展，提升教育质量。为了确保民办高校的良好运行和党建工作的有效开展，山东省教育厅首批选派了 24 名督导专员和党建工作联络员到全省 24 所民办高校进行指导工作。通过督导和指导，他们将帮

---

① 《民办高等学校设置暂行规定》，教计〔1993〕129 号。

助学校建立健全党组织，提升党建工作的水平，同时关注学校教育质量、师资水平、管理机制等方面的发展，促进学校办学水平的提高。这一举措进一步激励了社会力量办学的热情，为学校创办者提供了更多的支持和保障。民办高校作为教育事业的一部分，承担着培养人才的重要任务。在社会力量办学的背景下，监管机制的建立与完善是维护学校创办者、学校及其教师和受教育者的合法权益的重要途径。通过此举，山东省为民办高校的发展提供了坚实的保障，并促进了高等教育的多元化发展。只有通过不断完善监管机制，确保学校按照相关法律法规办学，才能维护学校创办者、学校及其教师和受教育者的合法权益，推动教育事业更好地蓬勃发展。《社会力量办学条例》是国家颁布的与民办教育发展相关的最高法规，在这一政策中，民办学校设立"校董会"并不是强制性的要求。"校董会设立的，由校董会提出校长或者主要行政负责人的人选；不设立校董会的，由创办者提出，经审批机关核准后聘任。"这些规定旨在促进教育机构的健康发展，并确保其管理与运营符合法规要求，进一步推动社会力量办学的发展①。

为了切实推动《社会力量办学条例》的实施，1997年10月，根据原国家教委发布的《关于实施社会力量办学条例若干问题的意见》，再次明确了一些规定和要求，以进一步规范民办教育机构的管理和运营情况。民办教育机构应建立健全内部决策、执行和监督的管理体制，建立各项管理制度，并实行民主管理。实施学历教育的学校原则上应设立校董会，在教育机构章程或校董事会章程中对校董会的组成、职责、权限、任期、议事规程等进行规定。其中规定学校董事长的年龄一般不超过75岁，这是为了确保学校董事长在任期内有足够的精力和能力履行职责。教育机构的校长应全面负责教育机构的教学、财务及其他行政管理工作。校长应具有高尚的思想道德品质，至少有五年以上从事教育教学工作的经历，并具有与

---

① 《社会力量办学条例》中华人民共和国国务院令（第226号）。该条例2003年9月1日废止，由《中华人民共和国民办教育促进法》替代。

教育机构层次相适应的学历水平。同时，校长还需要经过岗位任职资格培训。校长的年龄一般不超过 70 岁，这是为了确保校长在管理和领导教育机构时拥有足够的经验和活力①。

这一阶段，国家颁布的政策法规对民办高校内部治理提出了明确要求，但是文件政策的规定还存在不清晰、模糊的地方。比如，《关于实施〈社会力量办学条例〉若干问题的意见》与《社会力量办学条例》相比，在设立学校董事会的态度上，从建议设置更改为原则上应该设置，政策态度更为坚决，对董事会的职责范围有扩展，但是对其职责内容的界限和范围规定的不够清晰，导致民办高校在条例执行中出现选择性执行或执行偏差。

针对这一阶段民办教育发展迅速但政策制度相对滞后的现象，国家加快了对民办教育的立法进程。2002 年 12 月，第九届全国人大常务委员会第三十一次会议，审议通过了《中华人民共和国民办教育促进法》（以下简称《民办教育促进法》），为民办高校内部治理提供了更为坚实的法律基础。

第三节　规范发展时期（2003—2015 年）

2002 年 12 月第九届全国人民代表大会常务委员会议审议通过了《民办教育促进法》，随之颁布相关的实施条例，民办教育的相关政策就逐渐得到健全和完善，对民办高校的内部治理要求和指导也日趋深入。这一阶段，民办高校内部治理越来越规范，民办高等教育的发展进入规范发展期。

《社会力量办学条例》于 2003 年废止，由《民办教育促进法》及其实施条例替代它在民办教育发展的宗旨。不同的是《民办教育促进法》对民

---

① 《关于实施社会力量办学条例〉若干问题的意见》，1997 年 10 月，原国家教委颁布。

办学校内部治理结构的规定趋于具体化，并且要求较之前的规定更为严格，伴有强制性的特点。比如，2003年颁布的《民办教育促进法》对民办学校内部的治理结构做了进一步的规定。一是要求民办学校必须设立理事会（董事会）或者其他形式的决策机构，对决策机构的人数进行设定，并对其职权范围做出具体的规定；二是明确民办学校法人应该是由理事长（董事长）或者校长担任；三是更细致地明确了校长的管理职责与权限的范围与边界。对民办学校校长职权的规定，从法律上明确了民办学校校长在董事会或者理事会的领导下，能够独立行使办学权。民办学校内部治理以政策为基础的制度框架基本初步清晰了。

以《民办教育促进法》及其实施条例为基础的制度框架，推出以全面规范为特点的各类配套的规章制度。2006年3月，为加强对民办高校的党组织建设，中共中央组织部和教育部党组专门下发《关于加强民办高校党的建设工作的若干意见》。2006年12月，国务院办公厅印发了《关于加强民办高校规范管理引导民办高等教育健康发展的通知》，进一步明确了理事会（董事会）作为学校决策机构具有依法行使学校重大事项决策的权力；理事长以及理事（董事长、董事）的名单必须报审省级教育行政部门批准备案；校长依法行使对学校教育教学的行政管理权，同时校长必须具备国家规定的任职条件并报省级教育审批机关核准。随即，2007年1月，教育部通过《民办高等学校办学管理若干规定》，对民办高校内部管理进行规范，创新性地提出"建立民办学校督导员制度"，为以后各省向民办高校派出党委书记提供了创新思路。

《国家中长期教育改革和发展规划纲要（2010—2020年）》中对民办学校完善法人治理结构、落实法人财产权两大核心问题提出明确要求。2012年，教育部出台《关于鼓励和引导民间资金进入教育领域促进民办教育健康发展的实施意见》（以下简称《实施意见》），《实施意见》提出了对民办学校董（理）事会运行机制的要求；规范了董（理）事会成员构成要素以及举办者代表的比例，提出对校长及学校关键管理岗位要实行亲属回避的制度要求；要求完善董（理）事会议事规则和运行程序，董（理）事会召开会议讨论决定学校重大事项，同时应做好会议记录并请全体董事会成员签字，存档备查。比如，在学校要对校园环境进行大额度的投资改建项目上，就要通过董事会的讨论进行决策确定。一系列指导意见表明，政府从政策法规层面对民办学校的内部治理制度要求日趋清晰明确。

在此阶段，各省级政府也制定了指导地方民办高校的可操作性的内部治理规定。比如，2005 年，黑龙江省人民政府颁布《关于促进民办教育发展的若干意见》，明确规定民办学校要设立学校理事会（董事会）或者其他形式的决策机构，实行民主管理，特别明确了不要求取得合理回报的民办高等学校（含助学高等学校）要实行理事会制度。

2010 年，黑龙江省发布《关于加强民办高校校长队伍建设的意见》，规定民办高校理事会（董事会）对校长选聘的要求。为切实加强对民办学校的监督管理，2007 年，江西省政府向全省 10 所民办高校委派了督导专员。同年，陕西省政府也向省内各民办高校派出督导专员。2007 年 11 月，陕西省派出原长安大学副校长、党委常委翟振东到西安翻译学院担任党委书记。此后，陕西省委教育工委分别在 2012 年底派出西安理工大学张峰、2017 年下半年派出西安建筑科技大学党委副书记李虎成担任西安翻译学院的党委书记。每一任党委书记在西安翻译学院工作 5 年，对学校的办学进行督导督办。该举措为全国民办高等教育管理工作中的一项制度性创新。

2011 年，江西省政府相继出台了《江西省民办普通高等学校巡视工作暂行规定》《江西省民办普通高等学校董事会（理事会）议事规则（试行）》《江西省民办普通高等学校行政管理工作规程（试行）》《江西省民办普通高等学校党委会议议事规则（试行）》《江西省民办普通高等学校督导专员工作规程（试行）》等 5 个文件，专门对依法办学和规范办学提出了要求。为加强对民办高校党组织的建设，沿海地区的福建、广东，中西部地区的陕西、宁夏等地先后制定了选配民办学校党组织负责人的工作方案。这些方案对选派党员干部到民办学校担任党组织负责人的标准提出了具体要求。通常各地派出的党员干部既是民办高校的党委书记，同时兼任政府督导专员，具有双重身份。山东省委组织部、省委高校工委在同时期先后下发了《关于加强民办高校党的建设工作的若干意见》等 6 个文件，对山东省内民办高校党组织的建立、职责、工作开展等做了具体规定。各省市互相借鉴工作经验，促进了地方民办高校内部治理体系逐步完善。

至此，在法律规范的制度层面，民办高校的内部治理机制设计初步形成，为民办高校内部治理结构的完善、实施内涵式发展奠定了基础。

第四节 内涵发展时期（2016 年至今）

2015 年 12 月，全国人大常委会讨论修订了《教育法》《高等教育法》。2016 年 11 月，全国人大常委会表决通过了关于修改《民办教育促进法》的决定，其中最重要的修改内容是对民办教育实行营利性与非营利性的分类管理。随后，国家颁布了一系列制度文件，建构了对民办教育的分类管理框架，从法律上厘清了民办教育发展中长期以来学校法人属性不清晰、学校财产归属不明朗、政策支持措施难以落地等瓶颈问题，为民办高校规范内部治理结构进一步奠定了法理基础，为实现民办高校的现代化治理提供了更多可能。

2016 年，修改后的《民办教育促进法》为进一步健全民办学校的治理机制，要求学校创办者根据学校章程规定的权限和管理程序应当积极参与学校的办学和管理，要求民办高校设立理事会（董事会）或其他形式的决策机构，并建立相应的监督机制。民办高校的理事会或董事会应由学校创办者或其代表、校长、教职工代表等人员组成，其中，三分之一以上的理事或董事应具有五年以上的教育教学经验。这样的要求确保了决策机构人员的专业性和教育经验，从而更好地促进民办高校的发展。同时，教育行政部门及有关部门应依法对民办高校进行督导，建立监督机制，确保学校按照相关法律法规进行办学，并提供必要的支持和指导。这样的督导措施可以帮助民办高校及时发现问题并加以解决，确保办学质量。为了加强对民办高校的监管，还应建立民办学校信息公开和信用档案制度。通过公示学校相关信息和记录学校的信用档案，可以提高学校的透明度和公信力，促进学校提高办学质量。同时，学校也可以通过信用档案的建立来展示学校的办学优势和特色，吸引更多的学生和教职工。此外，教育行政部门还要求组织或委托社会中介机构对民办高校的办学水平和教育质量进行评估，并将评估结果向社会公布。该举措有助于为民办高校提供参考和改进办学质量。通过上述措施，确保民办高校有良好的治理机制和监督机制，进一步提高学校的办学质量和教育水平[1]。

　　同时，董事会成员的选聘应该充分考虑各群体代表的利益，确保各方利益得到平衡和体现。同时，董事会应该制定明确的职责和权限，以有效监督和指导学校的发展和运营。

　　民办高校监事会不仅应该由党组织班子成员组成，还应该具备独立监督学校运作的权力。监事会的成员要具备相关法律法规和教育管理方面的知识，能够对学校的决策和管理进行监督和评估。除了党组织领导班子成员进入决策机构和行政管理机构外，还应该明确党组织在学校内部决策中的作用和责任，确保党的路线、方针、政策在学校中得到贯彻和执行。在校长的选聘中，要注重其教育管理经验和绩效，并对其个人信用状况进行审核。另外，对于学校各关键管理岗位，应该建立亲属回避制度，防止利益输送和不当行为的发生。教职工代表大会和学生代表大会的制度建设要进一步加强。这些代表大会应该成为师生们参与学校决策的有效途径，他们的意见和建议应该得到重视和采纳。

　　通过完善民办高校的法人治理，可以有效提升学校的管理水平和办学质量，增强学校的社会责任感和发展活力。同时，也可以进一步增强师生和家长对民办高校的信任和支持，推动民办教育的健康发展。国家发布的

---

① 《中华人民共和国民办教育促进法》（2016年修订版），中华人民共和国主席令，第55号。

这些意见对于完善民办高校的法人治理提出了明确要求，旨在进一步规范民办高校的办学行为，推动民办教育的健康发展。

至此，国家在法规层面关于民办高校内部治理的框架设计基本完成。在营利与非营利的分类管理新时期，我国民办高校进一步优化了内部治理结构，逐步完善现代大学制度，不断提升了学校的内部治理水平。

第四章　民办高校内部治理的演进逻辑

第一节　政府与民办高校

在推动国家治理体系和治理能力现代化的背景下，建立政府和民办高校之间的双轨制关系，协调两者的关系，建设有限政府并促进民办高校的共同治理机制建设，精准支持民办高校的开放发展变得尤为重要。这种双轨制关系有助于提高学校的治理效能，促进政府和民办高校的良性互动，为民办高校的发展提供更为有力的支持。

单轨制思想要求政府完全退出民办高校管理，实现高校完全自我治理，但这与治理的本质相悖。解决问题的最佳途径并非简单地要求政府完全退出或无为而治。同时，民办高校仅依赖学生学费来提高教师待遇、提升办学水平和改善办学条件等，面临着越来越大的压力。然而，在单轨制观念下，政府完全退出民办高等教育市场是可行的，但这并非民办高校所期望的结果，需要政府积极支持民办高校发展，构建一种与单轨制关系不同的新关系维度。这种双轨制关系指的是政府既拥有管制民办高校的职责，又通过行使公共权力对民办高校提供支持和帮助，这种支持和帮助并非作为政府管制职责的附带条件，而是能够单独发挥作用的。在这种双轨制关系下，政府与民办高校之间可以形成更加合理和协调的互动。

政府与民办高校之间存在着协作与合作的关系，主要体现在以下四方面。

一、监管与审批

政府对民办高校的设立、运营和质量进行监管，确保其合法性和教学质量。政府相关机构制定相关政策和标准，以确保民办高校的运作符合规范和质量要求。政府的监管措施包括审批民办高校的设立申请、制定教育标准、管理规定和监督检查等。通过这些措施，政府的管制可促进民办高校的规范发展，并保障学生和社会的利益。

（一）高校设立审批

根据相关法律法规，政府设立专门的机构或委员会来审批民办高校的设立申请。这些机构会对申请人的资质、教育资源、办学计划等进行评估，并核准申请机构或者申请人是否具备开设高等教育机构的条件。

（二）教育质量监管

政府对民办高校进行教育质量监管，包括对课程设置、师资力量、实验室设施、学生评估等方面的要求和监督。这些要求旨在确保民办高校提供符合教育标准和管理规定的教育服务。政府的监管机制为民办高校设立了明确的指导和框架，促使其提升教育质量和教学水平，以满足学生和社会发展的需求。

（三）经营管理监管

政府对民办高校的经营管理进行监管，具体内容涵盖财务管理、招生录取程序、学费收费等方面。政府要求民办高校遵守相关法规，以确保公平竞争、透明运营和合理收费。

（四）监督检查

政府机构定期或不定期进行监督检查，评估民办高校的运营情况和教育质量。这种监督检查包括实地考察和评估学校的师资力量、教学设施、实验室条件等方面。

（五）教育质量评估

政府可能会委托独立的第三方机构对民办高校的教育质量进行评估和认证，这种评估将综合考虑学校的师资力量、课程设置、科研水平、学生就业等多个方面，旨在确保民办高校的教育质量符合一定的标准。

二、资金支持

政府资金支持是民办高校面临的一个复杂而重要的问题。在不同国家和地区，政府对民办高校的资金支持程度可能有所不同。以下是一些政府普遍采用的资金支持方式。

（一）补贴

政府可以直接向民办高校提供经费补贴，用于学校的运营和发展，以减轻学校的财务压力并提供良好的教育服务。比如，向民办高校每年提供专项建设经费补贴。

（二）贷款和担保

政府可以为民办高校提供优惠的贷款和担保，帮助学校筹集资金并降低融资成本。比如，给民办高校提供贴息贷款。

（三）租赁和土地使用权

政府可以出租或提供廉价的土地使用权给民办高校，以降低学校的建设和运营成本。

(四) 奖助学金和学费减免

政府可以设立奖助学金计划，为有需要的学生提供经济援助，并与民办高校合作，制定学费减免政策，以确保更多学生能够接受优质教育。比如，当地政府向民办高校的学生提供生源地贷款，向优秀学生提供国家奖学金。

(五) 研究资助

政府可以为民办高校的研究项目提供资金支持，以促进科研和创新。政府资金支持应该建立在透明、公平和有效的原则上，确保研究资金得到合理利用，并达到预期的教育目标。此外，政府还应制定评估标准和监管规范，监督资金的使用情况。重要的是，政府资金支持不应排斥民办高校的自主发展和市场竞争。相反，政府应鼓励民办高校提高教学质量、培养人才和推动教育改革，而不仅是依赖政府资金支持。因此，政府资金支持在透明、公平和有效的基础上管理和使用，可以促进民办高校的稳定发展，提高教育质量。

三、纳税和税收优惠

民办高校作为民办非企业单位，在遵守相关法规的前提下，需要按规定缴纳税款。政府可以根据实际情况给予民办高校一定的税收优惠政策，以促进其发展。这些税收政策包括以下三方面。

(一) 纳税义务

民办高校作为独立法人，根据相关法律规定需要履行纳税义务，包括按时缴纳所得税、财产税、增值税等各种税费。作为纳税单位，民办高校需遵守税法规定，履行纳税义务，确保纳税的合规性和及时性。

（二）税收优惠

政府为鼓励民办高校的发展和提供优质教育，可能会采取一定的税收优惠政策，包括减免或豁免部分所得税、财产税或增值税等，从而降低民办高校的经营成本。

（三）捐赠和资助优惠

政府可能通过为个人和企业向民办高校捐赠资金或设立奖学金基金提供税收优惠政策来鼓励社会投入教育事业并支持民办高校的发展。这一举措旨在激励更多的人和企业参与教育慈善活动，为民办高校提供更多的经济支持和办学资源。

政府与民办高校之间的税收关系应建立在公平、透明和合理的原则上，以维护税收制度的公信力。政府可以采取税收优惠政策，促进民办高校的发展和向社会提供优质教育资源，同时也要确保民办高校履行税收义务。通过合理管理和调整税收关系，政府与民办高校共同维护税收制度的公平性，为教育事业的可持续发展创造良好的环境。

四、合作与交流

政府与民办高校之间可以积极展开合作项目和交流活动，内容涵盖科研合作、师资培训、学生实习就业等多个领域。同时，政府还可以组织各种高等教育评估和评审活动，确保民办高校的教育质量达到一定标准。

（一）政策咨询与制定

政府与民办高校可以建立合作机制，就教育政策制定、法规规范等方面进行交流沟通。通过咨询民办高校对政策的意见，政府能够更深入地了解民办高校的需求和面临的挑战，从而制定更符合实际情况的政策措施，支持民办高校的发展。政府可以征求民办高校的教育发展建议，共同探讨教育改革的方向和目标。这种合作机制能够促进政府与民办高校之间的互信和合作关系，推动教育领域的持续发展。

（二）资金支持与项目合作

政府可以为民办高校提供资金支持，用于学校的建设、师资培养、科研项目等方面。这种资金支持可以帮助民办高校提升办学水平，改善教育资源，并推动教育创新和改革。政府还可以与民办高校开展合作项目，共同探索教育改革的路径，促进教育质量的提高，培养具备创新能力和实践能力的优秀人才。通过政府与民办高校的合作，可以促进资源共享、经验交流，共同推动教育事业的发展和社会进步。

（三）人才培养与就业合作

政府与民办高校可以合作，共同致力于人才培养和就业创业的推进。政府可以参与制定职业教育和技能培训计划，与民办高校合作开展实习项目，为学生提供实践机会和职业发展支持。政府还可以协助民办高校与企业建立合作关系，促进校企合作，以确保学生毕业后能够顺利就业。通过政府与民办高校的合作，可以提升学生的就业竞争力，满足社会对各行业人才的需求，促进经济发展和社会进步。这种合作关系有助于构建校企合作模式，搭建学生就业或创业的平台，为他们的职业发展奠定坚实基础。

（四）教育质量监管与评估

政府与民办高校可以合作进行教育质量监管与评估工作，以确保高校的教育质量达到相关标准。这种合作包括建立评估机制，共享数据和经验等方式，从而促进高校的办学水平和教学质量得到有效监管和提升。

（五）学术交流与合作研究

政府可以支持民办高校与国内外高校之间的学术交流与合作研究，促进知识共享、学科发展和创新成果转化。在学术交流合作过程中，双方应保持充分沟通和协商，尊重彼此的权益和利益，建立互信和互利的关系。学术交流合作应符合法律法规要求，确保公正、透明和合规性，以实现教育资源的共享和优化，提升教育体系的整体发展水平。

第二节　社会与民办高校

社会与民办高校之间存在相互依存、互利共赢的合作关系。民办高校在教育领域发挥着重要角色，而社会的支持和参与也是民办高校发展的重要动力。

一、提升教育质量

社会对民办高校的监督和反馈对提升教育质量具有积极作用。社会的需求和期望驱动民办高校进行改革和创新，以适应时代发展和满足学生需求。

（一）合理监管与评估机制

社会可以建立有效的监管和评估机制，确保民办高校的合规运营和教育质量。政府和社会各界应加强对民办高校的监督，定期进行评估和检查，以确保教育质量符合标准。

1. 建立透明度与问责制度

确立透明的社会监管与评估机制，确保民办高校合规运作。建立问责制度，惩戒高校违规行为并认可表扬其合规表现，维护教育体系的公平和诚信。

2. 持续改进与品质保证

社会监管与评估机制应促进民办高校持续改进和提升教育质量。通过定期评估、学科评审和教学质量跟踪等方式，推动教学水平的提高和创新能力的培养。

3. 多元化的评估指标与方法

社会监管与评估机制应采用多元化的指标和方法，充分考虑民办高校的特点和目标。除了学术方面的评价，还应关注民办高校就业率、毕业生反馈、科研成果等因素，全面了解学校的发展和社会影响力。

4. 各方参与和合作

社会监管与评估机制需要吸纳政府、教育主管部门、专家学者、企业和社会组织等各方的参与和合作。他们的专业意见和资源支持可以共同促进监管与评估工作的公正和科学性。

5. 监管与评估结果的公开透明

社会监管与评估机制应确保结果公开透明，增加民办高校的透明度，提升社会对其的信任与支持。合理的监管与评估机制可以约束民办高校规范运行，提升教育质量，并建立良好声誉。这种机制对于维护教育领域的公平竞争、保障学生权益以及促进整个教育系统的发展至关重要。

(二) 资源投入与支持

社会可以通过资金投入和资源支持，协助民办高校改善教学条件、提升师资水平和科研能力。合作机构和企业可以与民办高校合作，提供资金、实习机会和专业培训等资源，助力学校的发展。以下是一些与资源投入和支持相关的要点。

1. 资金投入

社会可以通过资金投入为民办高校提供经济支持和发展基础，可以通过企业捐赠、基金会赞助等形式实现。这些资金可以用于改善校园设施、购买先进的教学设备、提升师资队伍水平以及开展科研项目等，从而提高教育质量。

2. 师资支持

社会可以通过为民办高校提供师资培训和发展机会，帮助民办高校建立和培养优秀的教师队伍。专业的师资培训可以为教师提供最新的教学方法和理念，进而提升教学水平。此外，社会还可以积极鼓励行业专家和业界人士参与教学工作，为学生提供实践经验和职业导向的教育。

3. 科研支持

社会可以向民办高校提供科研项目的资金支持和合作机会，以推动其科学研究的进行。这种科研支持可以激发教师和学生的创新潜力，提升教学水平和科研成果的质量。通过与企业、研究机构的合作，可以促进民办高校科研成果的转化和应用，进一步推动社会的创新和发展。

4. 实习与就业支持

社会可以与民办高校建立密切的合作关系，为学生提供实习和就业机会。通过与行业企业的合作，民办高校可以了解就业市场的需求，开设与就业市场需求相符的专业课程，为学生提供实践机会和职业指导，提升他们的就业竞争力。这种合作关系可以帮助学生更好地融入职业领域，为社会输送优秀人才。

5. 学术资源共享

社会可以推动民办高校与其他高校和研究机构之间开展学术交流和合作。这种合作可以促进高校教师和学生之间的学术互动，增加学术资源的获取途径，提升教育质量和学术影响力。

（三）行业合作与实践机会

社会可以与民办高校建立密切的行业合作关系，为高校学生提供实践机会和职业导向教育。这种合作可以通过与行业企业的合作项目、实习机会和职业导师计划等方式实现。民办高校可以与行业伙伴合作开展实践教学活动，让学生在真实的工作环境中进行实践，提升实际应用能力和职业素养。同时，行业合作可以为民办高校提供行业专家的指导和支持，更新教学内容和方法，确保教育与行业需求的紧密对接。这种合作有助于提高学生的就业竞争力，帮助毕业生顺利就业，并为学校的发展提供实践基础和行业资源。

1. 校企合作

民办高校与行业企业建立紧密合作，推动校企合作项目。学生通过与企业的合作，获得更多实践机会，深入了解行业动态和真实工作环境。同时，行业企业参与课程设计和教学内容制定，使教育更贴合实际需求。

2. 实习机会

行业合作为民办高校提供丰富的实习机会。学生在企业实习期间，将理论知识应用于实际工作中，积累宝贵的职业经验。实习期间，学生与行业专业人士互动，建立专业网络，深入了解行业运作和就业要求。

3. 校内实践活动

民办高校可组织各类校内实践活动，如模拟实验、案例分析、实地考察等，使学生能在校园内进行实践操作和问题解决，提升实际应用能力和解决问题的能力。通过这些实践活动，学生能够更好地理解课程内容，将理论知识与实践相结合。

4. 创新创业支持

民办高校提供创新创业支持，为学生提供创业机会和资源。通过行业合作使学生接触到创业导师、创投机构等资源，促进他们将创意转化为商业项目。

5. 行业导师和专家讲座

民办高校可邀请行业专家和企业成功人士来校举办讲座和指导。这样的职业指导交流活动可以帮助学生了解行业趋势和发展方向，拓宽其视野，增进对职业发展的认识。

（四）教师培训与发展

教师培训可以提升民办高校教师的教学水平和专业素养。社会机构和企业可以提供丰富的师资培训资源，与民办高校合作，共同推动民办高校教师的专业发展和教学能力提升。

1. 培训内容

民办高校教师的培训涵盖教育教学理论、教学方法与技巧、课程设计与评估、信息技术运用和学科专业知识更新等方面。同时，注重培养教师的教育心理健康和职业道德，全面提升教师的综合素质。

2. 培训形式

民办高校教师培训形式灵活多样，包括研讨会、工作坊、课题研究和在线学习等。同时鼓励教师参与学术交流和国内外教育会议，高校提供广阔的交流平台，促进教师之间的互动与合作。

3. 资源支持

民办高校应提供充足的资源支持，包括经费、设备、图书馆和实验室等，以满足教师培训和发展的需求。此外，还可邀请优秀的教育专家或学者举办讲座和授课，为教师提供专业指导和学术启迪。

4. 职业发展机会

民办高校应建立完善的教师职业发展通道和评价体系，鼓励教师参与科研项目、教材编写和学科竞赛等活动，为其提供晋升和发展的机会。同时，加强教师的激励和奖励机制，提高他们的工作积极性和创造力。

民办高校教师的培训与发展旨在提高教师的专业素质和教学水平，推动民办高校教育事业的发展。通过系统培训和有效支持，能够增强教师的教学能力，提升学校的竞争力，进一步促进教育的发展。

（五）学术交流与国际合作

鼓励民办高校加强学术交流与国际合作，以提升学校的学术影响力和国际化程度。具体有以下相关要点。

1. 学术交流

民办高校可积极组织学术研讨会、学术讲座和论坛等学术交流活动，邀请国内外专家学者参与，促进学术思想的碰撞和共享。这有助于提升高校的学术水平和教学质量。

2. 国际合作项目

民办高校可与国外高校、机构合作开展双学位项目、联合培养项目等合作项目。通过国际合作，学生能够获得更广阔的学习和发展机会，增强他们的国际竞争力。

3. 跨国教育资源共享

民办高校与国外高校共享教育资源，如教材、课程和教学方法等。通过引进国外先进的教育理念和实践经验，民办高校能够提供更高质量的教育。同时，也可以将本土的教育资源推向国际舞台，提升学校的影响力和知名度。

4. 学生交流与留学机会

民办高校积极组织学生参与国际交流项目，如交换生计划、夏令营和访问学者项目等。通过与国外学生的交流与合作，能够增加学生跨文化交流的能力，让学生体验不同教育体系的优势。同时，民办高校还可以为有出国意愿的学生提供留学机会，拓宽他们的国际视野。

5. 跨国科研合作

民办高校与国外科研机构展开合作研究项目，促进科研成果的共享和交流。通过与国际合作伙伴的科研合作，民办高校能够提升学校科研水平，培养具有国际竞争力的科研团队，有助于推动科学研究的进展和学校的创新能力。

通过学术交流与国际合作，民办高校能够扩大学校的学术影响力和国际化程度，提升教育质量和学校的竞争力。这种合作与交流有助于学校吸纳国内外先进教育资源，促进教师和学生的学术发展，为学生提供更广阔的发展机会。

二、就业机会与职业发展

民办高校职业发展与就业市场紧密相连，要大力为学生提供丰富的就业机会和职业发展平台。社会机构与民办高校紧密合作，可为学生提供实习和就业机会，为他们的就业之路打开了广阔的门径，助力他们顺利步入职业发展的轨道。

（一）就业机会多样性

由于民办高校的灵活性和市场适应能力更强，它们能够迅速调整专业设置和课程内容，以满足就业市场的需求。这种灵活性为学生提供了更多样的就业机会，涵盖了更多行业和领域。学生可以结合自己兴趣和能力选择专业，并且获得更多的就业选择。这种多样性不仅提供了更广阔的职业发展空间，也增强了学生就业的灵活性和竞争力。

1. 多元行业选择

民办高校的学生可以选择多元行业进入职场就业，涵盖金融、教育、医疗、科技、媒体、制造业等不同领域。学生可以根据自身兴趣和专业背景选择适合的行业，发展自己的职业道路。

2. 多样化职业类型

就业市场提供了多样化职业类型，包括管理、销售、人力资源、技术开发、设计、市场营销、咨询等。这些职业类型涵盖不同的工作内容和职责，为学生提供了更广泛的职业发展选择。

3. 灵活的就业形式

除了传统的全职工作，现代就业市场还提供了兼职、临时工、自由职业等灵活多样的就业形式。这使得学生可以更加灵活地选择工作方式，根据自身情况和需求来平衡工作与生活。

4. 国际化就业机会

全球化趋势使得跨国公司和国际组织可以为民办高校学生提供丰富多样的就业机会。学生可以考虑在不同的国家工作，拓宽自己的国际视野和工作经验。

5. 新兴行业和技术发展

随着科技的快速发展，新兴行业和技术领域不断涌现，如人工智能、大数据分析、物联网、区块链等。这些行业为大学生提供了更多创新发展的就业机会，吸引了许多年轻人的兴趣和关注。

6. 跨学科就业机会

许多职位需要跨学科的知识和技能。例如，数字营销需要融合市场营销和技术知识，医疗设备销售需要了解医疗和销售技巧。跨学科的职业发展路径为具有多元专业背景和技能的毕业生提供了更多机会。

7. 创业和在线社交平台

互联网的发展为个人提供了自主创业的机会。通过在线社交平台，人们可以开展自己的业务，如电子商务、咨询服务、自媒体等。这种在线方式使得创业门槛降低，为有创新意识和创造力的学生提供了更多就业机会。

8. 社会企业和非营利组织

社会企业和非营利组织专注于解决社会问题和推动可持续发展，它们提供了一种与传统商业模式不同的就业选择，为那些渴望通过工作来实现社会价值的人提供了机会。在这些组织中工作，个人可以将自己的技能和热情投入社会福利、环境保护、公益事业等领域，为社会做出积极的贡献。

9. 跨文化就业机会

随着全球化进程的深入发展，跨国公司和国际组织可以为学生个人提供在不同国家和文化环境中工作的机会。这种经历能够增加学生个人的跨文化沟通能力和领导能力，丰富个人的职业经历。在跨文化的工作环境中，学生可以与具有不同文化背景的人合作，学习不同文化的工作方式和价值观，提升自己的全球视野和国际竞争力。

（二）校企合作与实习机会

许多民办高校与企业、社会机构建立了广泛的合作关系，为在校大学生提供实习机会。这种校企合作为学生在民办高校学习期间获取实践经验和职业发展提供了重要途径。

1. 校企合作

实践导向的课程设计：与行业企业合作，将实践活动纳入课程设计，贴近实际需求，帮助学生掌握实用技能。

专业导师和指导：校企合作促进行业导师与学生合作，提供实践经验和指导，帮助学生了解行业要求。

实践项目和竞赛：校企合作提供实践项目和竞赛机会，学生参与实际项目，锻炼解决问题的能力，提升就业竞争力。

2. 实习机会

实践工作经验：实习帮助学生将理论知识应用于实际工作，获得工作经验，了解行业运作和职场要求。

职业发展机会：实习期间与行业专业人士交流，了解就业机会和职业发展路径，有转化为全职就业机会的可能性。

实践能力培养：通过实习，可以培养学生的团队合作、沟通技巧、问题解决和自我管理等实践能力，对其职业成功至关重要。

跨文化交流经验：某些实习项目提供国际实习机会，培养跨文化沟通和全球视野，增加学生就业的竞争力。

（三）社会资源与支持

社会资源与支持是指社会机构、企业和行业协会等向民办高校提供的各种资源和帮助，旨在丰富教育资源、提升教学质量和研究能力。常见的社会资源与支持包括以下几个方面。

1. 资金支持

社会资源支持包括政府拨款、企业赞助和基金会资助等形式的资金支持，用于项目启动、研究开发和创业发展等。

2. 专业知识和技能

民办高校通过与行业专家、顾问和导师等进行交流和合作，让学生获得专业知识和技能的传授和分享，有助于其个人职业发展和组织成长。

3. 网络和合作伙伴关系

民办高校通过参加行业交流活动、社区组织、商会或专业协会等，建立广泛的职业网络和合作伙伴关系，实现资源共享和机会互享。

4. 培训和教育机会

民办高校学生可通过参与工作坊、研讨会、培训课程等，获取培训和教育机会，提升个人和组织的能力，获取新的知识和技能。

5. 媒体和宣传渠道

通过媒体报道、推广和网络平台的宣传，扩大民办高校的曝光度和影响力，增加知名度和影响范围。

6. 政策和法律支持

政府部门提供政策支持和法律保障，如减税政策、创业支持和知识产权保护等，为创新和发展创造有利环境。

7. 社会服务和福利

社会服务机构和福利机构提供就业培训、职业咨询和社会保障等支持，帮助个人获得就业援助、福利救济和个人辅导等帮助。

（四）科技创新与产业合作

民办高校与社会各界开展各项产业合作，旨在推动科技创新和产业发展，为社会创造经济价值和社会效益。关于科技创新与产业合作的要点包括以下几个方面。

1. 知识共享和技术成果转化

科技创新与产业合作促进学术机构和研究机构的知识共享，将先进的研究成果和专业知识应用于实际产品开发和商业化过程中，实现技术成果的转化和应用。

2. 科技创新驱动的合作项目

科技创新与产业合作基于共同的研究和开发项目，涉及新产品开发、技术改进、工艺优化等方面。通过协作和资源共享，加速创新过程，推动产业发展。

3. 人才培养和创新能力

科技创新与产业合作给学生和研究人员提供了接触实际问题和产业需求的机会。与企业合作可以培养人才的实践能力和创新思维，使学生更好地适应职场要求，推动产业发展。

4. 资金支持和市场连接

科技创新与产业合作为创新项目提供资金支持和市场连接。企业可以提供资金投入、市场导向和销售渠道等资源，帮助创新项目得以实施和推广。

5. 政策支持和产业发展

政府在科技创新与产业合作中扮演着重要角色，通过制定相关政策和提供支持措施，促进技术创新和产业发展。政府的支持包括研发资金、税收优惠、知识产权保护等方面。

6. 开放创新生态系统

科技创新与产业合作鼓励构建开放的创新生态系统，使不同领域的参与者可以共享资源、共同创新。这种合作方式有助于加速技术进步、提高创新效率，并推动整个产业链的协同发展。

通过科技创新与产业合作，民办高校与社会形成紧密的合作关系，促进科技进步和产业发展。这种合作模式不仅可推动教育领域的发展，也能为社会经济进步和可持续发展做出积极贡献。

第三节　与民办高校发展相关的主体

一、学生及其家长与民办高校

学生及其家长与民办高校之间存在一种相互选择和合作的关系。在学生参加高考后选择学校时，学生和家长会考虑民办高校的特点和优势，并比较不同学校的课程设置、教学质量、师资力量、就业机会、学费等因素，以做出最适合的决策。

一旦学生被录取到民办高校，学生及其家长将与学校建立联系并进行沟通。他们可以参加新生导引活动、家长会议或座谈会，了解学校的教学理念、规章制度以及支持服务等方面的信息。学生及其家长与民办高校的辅导员、教师和学术顾问合作，共同制订学习计划，解决学习中的问题，并获取学生学习和发展方面的支持。

学生及其家长与民办高校之间的关系是一个相互合作和互动的过程。学生和家长通过选择和参与民办高校，期望获得高质量的教育资源和发展机会，而民办高校则通过提供良好的教育环境和支持服务，满足学生及其家长的需求，共同促进学生的学习和成长。这种合作关系为学生提供了良好的教育环境和发展平台，帮助他们实现个人潜力的发掘和成长。

民办高校应强化学生的主体地位，确保他们成为教育服务的直接受益者，而不是被动接受或坐享其成。民办高校的党委、团委和学生会等组织应吸纳优秀学生加入，创新管理体制和运营机制，为学生提供畅通的建言渠道，及时了解他们的需求和意愿。在提供服务方面，民办高校应尽量满足学生的需求，包括后勤服务和工作服务等。然而，在教学安排和人才培养方案制定等教学管理方面，民办高校应坚持原则，严格管理，以提高教学质量和学位的含金量。学校主动收集学生信息、了解他们的期望，并因材施教，办学效果会事半功倍。

二、社会其他利益相关者与民办高校

公司治理的核心理论之一就是利益相关者理论。它主张公司的影响和被影响范围并不仅限于股东，而是延伸到所有与公司有利益联系的实体，如员工、顾客、供应商、政府等。利益相关者理论的出发点在于公司不仅要着眼于股东的益处，也需要关心其他所有利益相关者，包括员工、供应商、用户、所在社区及经营者等。公司被视为一个共享利益的群体，其中各成员的整体利益应成为公司追求的最终目标。该理论强调，在公司治理结构中，我们必须通过适当的制度设计，确保各利益相关者平等参与公司决策，在实现公司价值的同时满足各利益相关者的权益。

民办高校也同样适用利益相关者理论。对应利益相关者理论，校董事会、校长、学生、教师等都是高校的利益相关者。在中国特色社会主义新时代，社会矛盾的变化为民办高校带来了各种挑战和风险，各利益相关者的协同合作对积极迎接这些挑战至关重要。

根据利益相关者理论，民办高校作为具有一定教育自主权的社会实体，其利益相关者群体应尽可能广泛，包括政府、雇主、投资者、创办人、管理层、教职工、中介机构、社区、学生、家长等。参考美国学者米切尔的理论，民办高校的利益相关者可按参与度分为三个类型：确定型、预期型和潜在型。另外可以根据与高校的关系性质，将民办高校利益相关者划分为外部利益相关者和内部利益相关者。其中，外部利益相关者主要负责处理与政府和教育中介机构的关系，而内部利益相关者主要包括理事会、校长、教职工、学生、学术委员会、工会、党组织等个人或团体。

在民办高校的多元化治理结构中，社会公众发挥着关键的作用。为了提升教学质量和规模，民办高校需要强化与社会的交流联系，增强公众影响力，同时积极寻求社会的认可。政府应当推动支持民办高校的社会组织发展，倡导新的发展理念，利用这些社会组织来平衡高等教育的供需关系，减少行政干预，强化中介调节作用。政府也应出台相关政策，激励高等教育社会中介组织寻找科学的运营方式和管理体制，鼓励它们适应市场需求，降低对政府财政的依赖，提供实用的公共服务，并积极参与政府对民办高校政策的制定。当前民办高校的中介组织仍需政府的支持和资助，虽然它们可能无法对政府形成实质性的第三方制约，但政府在制定政策时，可以利用民办高校中介组织与民办高校紧密的关系，主动寻求他们的建议。

民办学校与社会其他利益相关者——包括政府机构、企业、社区居民和其他教育参与者之间，存在一种相互支持、协同发展的关联性。这种互动不仅有利于教育体系的完善，同时也对社会的全面发展产生积极影响。

其中，高校毕业生就业是这种协同发展关系的集中体现。民办高校培育了众多人才，开拓了更多的职业机会与可能。企业可以与这些高校建立合作，比如，提供实习职位或参与校企合作项目，以便满足企业自身的人力需求，并帮助学生顺利就业。

同时，这种合作也对社区的进步有所贡献。作为社区的一部分，民办高校向当地居民提供教育资源，开放更多学习机会，甚至通过组织公益活动参与社区建设，进一步推动社区的经济、文化和社会层面的发展。

在教育创新方面，民办学校与社会其他利益相关者的合作更是关键。民办高校通常拥有更加灵活和创新的教育模式，能够迅速适应社会对教育需求的变化，也愿意积极采纳新技术、新观念和新课程。这样的创新不只能提升学生的学习效果，同时也能影响整个教育体系，激励其他高校进行相关必要的改革和创新。

民办高校与社会其他相关利益方的合作关系涵盖了职业发展、社区提升和教育创新等领域。通过这样的协同发展，民办高校既为社会注入了优质的人才，助力了经济增长，同时也从政府、企业和社区得到了必要的支持和相关资源，共同推进教育的繁荣和社会的进步。

第四节 构建多元化内部治理结构

一、治理理论

治理是一种非正式授权但能持久有效的机制，它不等同于统治，而是一种基于共同目标的行动过程。治理的主体并非只有政府，且执行过程并非总是依赖政府的强制力。某些学者认为，治理不仅是活动，也是规定的新形态，标志着统治的含义发生了变化，代表着以新的方式进行有序管理的过程。不同的人从各自的立场和目的出发来理解治理，使治理成为一个广泛且具有灵活性的概念。良好的治理概念强调效率、信任、法治、公平和责任等公共效应体系。在社会层面，治理涉及政府与私人、公共部门与民间部门的互动合作。治理的概念也意味着政府并非权力的唯一中心，国家与社会、公共与私人之间的边界日益模糊。治理象征着所有参与者最终构成一个自主的网络，处理事务或情况的能力不限于政府的权力，也不限于政府的命令或威望的运用。

二、高校治理机制

对治理的认识因人而异，不同治理理念源自各自的立场和目的，而对于特定领域，如高校的治理，也是如此。治理的共同理念在于相互制约和共享的过程，比如，学术和行政权力的交互，或是政府管制与自我约束之间的动态。治理并不是僵化、固定的框架，而是一种富有生机和交互的过程。高等教育机构并不等同于普通的事业单位或企业，它是典型的利益共享组织。各利益相关团体或个人可根据自己的权力或提供的平台，在信任的基础上进行沟通、协商，以表达和争取自身的利益。这样的过程涉及参与、信任、协调、制衡和共享。

在社会学意义上，"机制"的概念源自古希腊，是指机器的构造和工作原理，后来词意被引申到不同的领域。关于治理机制的理解，关键在于机制的存在依赖于事物的各部分，以及它们之间协调的运行方式。治理机制有三种常见形式：行政计划型、指导服务型和监督服务型。民办高校治理机制的建立需要在特定的体制框架下，依靠学校内部相应的制度支撑。对民办高校而言，优化外部环境和完善内部机制是实现学校科学合理运行机制的核心与关键。

三、多元共同治理与多元共同治理机制

民办高校的多元共同治理依赖于各利益相关者的积极参与。各利益相关者参与的动力来源于一系列的激励机制，旨在确保他们的积极性、科学性和持久性。这种关系网络的核心是理（董）事会，它能将各利益相关者紧密地联系到学校的运营中，让他们在高校的各个方面，如筹集经费、硬件建设、设备采购和教师招聘等，都能充分发挥作用。

管理运行机制主要在理（董）事会的领导下，由校长负责。这一机制的关键在于规范理（董）事会的运行流程，保证校长行政权力的独立性，并充分利用校长等管理者的特殊人力资源，创新运行机制，构建民办高校的现代大学制度。

监督保证机制主要分为外部监督和内部监督两部分：外部监督主要依靠教育法律法规和政府，而内部监督则以督导专员（党委书记）和监事会为主体。外部监督和内部监督机制共同作用，形成了一个有效的监督体系。

信息反馈机制在民办高校的运行管理中扮演着重要角色，也是高校内

部监督约束的一个重要元素。通常，民办高校的信息反馈机制包括资源信息系统和管理信息系统。资源信息系统主要提供外界信息，如教育市场动态、毕业生就业市场、国家教育政策动向，以及民办高校之间的办学动态等；管理信息系统则主要提供与学校内部管理相关的信息①。

第五节　高校突发事件应急管理机制

我国对高校突发事件应对机制的研究明显不足，现行的应急处理流程并未完全达到预期效果，许多高校也未能充分重视这一领域。高校的特殊环境和条件是在设计和实施应急管理机制时必须考虑的因素。某些高校资源匮乏，应急规划能力不强，应对突发事件的效率和效果就欠佳。民办高校应急管理机制不健全，加上社会环境的复杂性，对学生的影响较大，高校面临突发事件的风险也相应增加。在这种情况下，加强高校突发事件的应急管理和处理机制建设显得尤为重要。

一、高校突发事件管理现状分析及研究

（一）高校突发事件管理的现状

1. 国内高校应急管理立法现状

目前我国已有各种法律和规章制度指导高校应对紧急事件，但由于这些规章制定部门的分散性，存在一定的管理难度。当发生突发事件时，高校通常需要向地方政府和上级教育管理部门报告，同时报告给其他相关部门，如卫生、消防、公安等。然而，由于多个部门参与应急管理，会导致效率不高，无法快速应对紧急事件。

---

① 赵林. 民办高校多元共同治理机制研究［D］. 长沙：湖南农业大学，2018.

高校的应急处理预案主要是参照教育部或上级教育管理部门的应急管理文件"复制式"编制，缺乏针对不同高校实际情况和需求的操作性。在突发事件发生时，各方的权责不够清晰，责任划分不够详细，无法避免应急处理的缺陷。因此，有必要进一步完善高校的紧急事件应对体制和机制，以提高应对紧急事件的效率和能力。民办高校应建立一个专门的紧急事件应对管理机构，负责协调各个部门的行动。该机构可以由高校内部组建，由各个部门的代表组成，以确保各部门能够协同合作。这个机构要能够专门负责处理高校内部的紧急事件。

因此，要制定一系列的高校紧急事件应对预案，考虑到不同高校的特点和需求，这些紧急事件预案应该具有针对性和操作性，能够根据具体情况进行调整和执行，明确各方的责任和权限，以确保在紧急事件发生时能够迅速行动。各部门应该清楚自己的职责，并且能够及时发挥作用。高校应该定期组织培训和演练活动，提高师生和相关人员对突发紧急事件的应对能力，发现和解决问题。高校应努力提高对突发紧急事件的反应效率和能力，确保师生的安全和校园的稳定。同时，也要进一步规范高校突发紧急事件应对措施，提升高校的管理水平和社会形象。

2. 国外高校应急管理立法现状

应急管理相关法律涵盖了各个方面，包括灾害防范、危机响应、应急演练等。应急管理法律的制定不仅应关注突发事件的处理，还应考虑预防和应对紧急事件的全方位覆盖。

在国外高校应急管理立法中，以美国为例，应急管理涉及多个层级的责任，包括国家、州（地区）和学校三级。这样可以确保各级政府和学校都有明确的职责和权限，协同工作，提高应急管理的效率。应急管理立法还包括相关的培训和指导要求，确保每个学校都有专业能力和知识来应对突发事件。应急管理培训可以涵盖教师、学生和其他学校工作人员，以提高应急管理的整体素质。鼓励学校与政府相关部门和组织进行合作，共同应对突发事件。例如，与警察、消防、医疗机构等建立合作机制，共同进行应急演练，提高合作和协同效能。应急事件管理监督可以由政府部门、教育机构或独立的第三方机构进行，以保证应急管理工作的质量和有效性。

完善我国民办高校应急管理体系，确保学校安全和师生的健康，我们可以制定相关的法律规定明确学校和政府的职责和权限，加强预防、响应和恢复等方面的机制建设，提高民办高校应急管理的整体水平。

（二）国内高校应急管理困境解析

政府部门应当在高校应急管理中发挥积极的推动作用，并提供必要的资源支持。高校应当与政府部门建立定期沟通的机制，共同制定并完善应急预案，提高应急响应的效率和准确性。

学术界应当开展应急管理问题的研究与探索，并提供科学性、可行性的建议和方案。对于高校突发事件的研究，学术界应当从多个维度出发，深入调查研究高校突发事件的原因和规律，并通过学术会议、论文等形式分享和交流研究成果。

国外一些发达国家在高校突发事件应急管理方面积累了丰富的经验，我们可以学习其经验，借鉴其成熟的机制和措施。例如，国外一些高校采用了智能化的应急管理系统，通过互联网和物联网技术实现对各类突发事件的实时监测、预警和响应，这样可以有效提高高校应急管理的水平和效果。社会各界可以提供应急资源支持和专业技术指导，帮助高校做好突发事件的应急管理工作。高校应建立与社会组织、企业等的合作机制，加强在应急管理方面的合作和交流，共同提升高校的应急管理水平。高校应急管理机制的研究和实践是一个系统性的工作，需要政府、高校、学术界和社会各界的共同努力。只有通过加强合作研究、完善机制、提升防控能力，我们才能够更好地保障民办高校的安全稳定和高质量的教育发展。

二、我国民办高校突发事件处理的问题剖析

我国民办高校在处理突发事件的应急措施主要是由国家统一领导，各部门和各行业独立管理。对于具体的突发事件，我们采用了分级管理的原则。然而，在突发事件处理过程中，我们面临的主要问题是应急预案中的概念性和原则性条款过多，而具有实际操作性的条款过少。具体的问题可以总结为如下三方面。

（一）民办高校突发事件处理协调性不足

民办高校内部各部门之间缺乏良好的协作机制，常常存在信息不畅通、责任边界不清晰、协同工作不到位等问题。

在突发事件处理过程中，民办高校缺乏统一的指挥调度机制，导致各部门行动缺乏调度协调，决策和资源调配效率低下。部分民办高校的突发事件应急预案制定不规范、不完善，缺乏全面且细致的应对方案，无法有效应对各类突发事件的发生。

民办高校内外部信息的共享机制不完善，导致相关部门在突发事件处理中缺乏全面准确的信息支持，无法做出科学合理的决策和采取有效应对措施。

民办高校突发事件处理机制中相关人员的技能和专业素养有待提升，缺乏应急管理和处理突发事件的专业知识和技能。

建议民办高校加强内部部门之间的沟通协调，建立健全指挥调度机制，完善突发事件应急预案，加强信息共享和流通，加强相关人员的培训和专业素养。这些规章制度涉及的管理部门有教育、卫生等多个领域，单一部门的管理与沟通很难有效地对这些部门进行统筹协调，导致处理突发事件时困难重重。

（二）民办高校与其他主体之间协作不畅

我国民办高校在处理突发事件时，与相关政府部门之间缺乏密切的联

系和协作机制。政府部门在民办高校突发事件处理中的角色和责任分工不清晰，导致协作不畅，应对措施不够完备。

民办高校与社会组织之间的合作和协作机制不够健全，缺乏密切的沟通和信息共享平台。在突发事件处理过程中，社会组织的力量和资源无法得到有效调度。突发事件发生时，媒体是信息传播的重要渠道，然而民办高校与媒体之间的协作机制不够完善，缺乏及时、准确的信息发布和沟通渠道，容易导致信息传播不一致、不准确。

当突发事件发生时，企业作为民办高校的合作伙伴，其资源支持在应对突发事件中起到重要作用。然而企业与民办高校之间的协作机制不够紧密，缺乏有效的合作模式。

在民办高校突发事件处理中，学生和家长的参与是非常重要的，他们的反馈和需求是决策过程的重要参考。然而，民办高校与学生、家长之间的沟通和协作不够充分，导致家长参与度不够，意见和建议无法及时得到反馈。

具体而言，民办高校应主动与相关政府部门进行沟通，建立起常态化的交流机制，例如，定期举行联席会议，及时共享信息、讨论问题和制定应对方案。政府部门也应加强对民办高校的支持与指导，提供必要的资金、物资和专业人员支援。同时，民办高校应与地方政府共同制定应急预案，明确应急事件发生时各自的职责和任务，并加强应急演练，提高响应能力和处置水平。政府部门可以提供必要的培训和辅导，使民办高校的应急措施更加科学、有效。此外，民办高校还应积极参与社会安全保障人员队伍建设，加强与公安、医疗、消防等专业部门的联系，共同应对面临突发事件的调度挑战。

只有通过加强民办高校与政府部门之间的互动沟通和协作，建立起紧密的合作关系，才能够在突发事件发生时做到有效的信息共享、资源调配和应急处置，从而确保民办高校在突发事件发生时的应急管理预案顺利实施。

（三）民办高校应急处理的法律法规不完善

《中华人民共和国突发事件应对法》第二十二条规定："对本单位可能发生的突发事件和采取安全防范措施的情况，应当按照规定及时向所在地人民政府或者人民政府有关部门报告。"对于民办高校而言，虽然教育部在2002年颁布了《学生伤害事故处理办法》，但由于这仅是部门规章，且颁布时间较早，其范围仅限于伤害事故，并没有包括所有类型的高校突发事件处理。尽管《中华人民共和国刑法》具有最高的法律效力，但该法对突发事件的应急处理并未明确区分地域责任、行业主管责任、主体责任和个体责任，从而导致应急处理责任划分不明确。这种不明确的责任划分需要在相关部门的法规中得到明确，以防止各方推诿责任，使高校在预防和应对各类学生突发事件时的责任和权力不明确。因此，无论从国家安全还是高校自身的角度来看，都迫切需要规范高校的应急管理体系，提高民办高校应急管理水平，并制定《高等学校应急管理法》。该法应明确高校在突发事件应对中的责任和权力，并细化应对各类突发事件的具体操作流程、责任分工、资源调配等方面的规定。该法还应包括应急预案的制定和演练、信息共享与协同机制的建立、专业应急人员的培训与配备等内容，以确保高校应对突发事件有清晰的法律依据和操作指南。同时，该法应考虑与其他相关法律法规的衔接，形成一个完备的法律体系，确保各部门的职责和权力的统一和协调。此外，还应加强对高校应急管理人员的培训和专业化建设，提高高校应对突发事件的能力和水平。通过制定《高等学校应急管理法》，可以为高校的应急管理工作提供更加明确的法律框架和保障，提升高校的应急管理水平和能力，从而更好地应对各类突发事件带来的挑战，确保高校师生的生命财产安全，促进高校的安全稳定发展。

三、提升高校突发事件应急能力是民办高校发展的内在需要

(一) 推进法治中国建设的需要

在新时代背景下，民办高校面临着越来越复杂多变的社会环境和突发事件的挑战。为了确保突发事件的应急措施合法合规，高校应当加强对应急管理法律机制的研究和引导，以推进依法治国的进程。

民办高校需要加强政治和法律意识，将法律规范作为应对突发事件的重要依据。民办高校应建立健全应急管理制度，明确突发事件应急管理的法律责任和权限，确保事件处置的合法性和规范性。

此外，民办高校还应加强与政府、公安、卫生等职能部门的沟通与协调，形成联动机制，以便在有需要时能够及时调动资源，采取有效措施。民办高校应加强对应急管理法律知识的培训和学习，提高应对突发事件的法律素养。

民办高校可以组织相关培训班、研讨会等，邀请法律专家、行政管理人员等进行应急管理指导，使高校管理人员和教职员工熟悉有关法律法规，了解应对突发事件的相关法律规定和程序，提高应对突发事件的法律意识和能力。民办高校可以建立完善的应急预案，明确各个部门的职责和任务分工，确保在突发事件发生时能够迅速响应和处置。应急预案中应包括相关的法律依据和法律程序，以确保应急处理的合法性和规范性。同时，民办高校还应经常组织应急演练和模拟演习，提高应对突发事件的应急处置能力和协同配合能力。民办高校还应加强与社会各界的交流与合作，共同推进应急管理法律机制的研究和完善。民办高校可以与政府机构、法律研究机构等建立合作关系，共同研究和解决应对突发事件的法律难题，提出科学合理的法律建议和意见。

(二) 贯彻落实依法治校的需要

根据我国的法律法规，民办高校是重要的社会组织，有责任保障师生

员工的人身安全和财产安全。按照《突发事件应对法》等相关法律法规的规定，民办高校应当建立健全应急预案，组织开展应急演练，在突发事件发生时能够迅速、有序地应对，并向相关政府部门和社会公众及时披露信息，接受社会监督。民办高校需要将提升突发事件应急能力作为发展战略的一部分，加强应急管理和应急能力建设，制定健全的应急预案，加强应急演练和培训，提高民办高校内部各部门和人员的应急管理意识和应对能力，并与相关政府部门、社会组织、媒体、企业以及学生和家长等主体建立紧密合作机制，以应对各类突发事件的发生和消除安全隐患。这样既能保障校园安全，也能促进民办高校依法治校的落实。

（三）保障高校校园安全稳定的需要

考虑到民办高校自身的特性以及在应对突发事件管理和保障学校安全方面的差距，探索创新的管理策略变得必要。建立完备的应急法律体系和机制是提高民办高校应急管理能力的基础，也是提升我国高校应急管理水平的关键步骤，这些举措有助于保障学校的安全和稳定[1]。

四、民办高校突发事件应急管理机制存在的问题

（一）突发事件应急管理体系不健全

目前我国许多民办高校对应急管理体系的关注程度不足，一方面表现在民办高校无专门的应急处理团队，或是团队成员经常变动，影响了应对突发事件的效果。另一方面，许多民办高校的应急制度和规章也不健全，这对其应急工作产生了消极影响。政府对于民办高校应急管理机制的监管力度也不足，使得许多民办高校对自身应急管理体系的缺陷视而不见。这

① 李伟．依法治校视野下高校突发事件应急管理机制研究［J］．淮南师范学院学报，2022，24（4）：18-22．

种情况会导致各部门间的协调性减弱，对突发事件的处理能力下降。在许多高校中，无论是针对突发事件的应急预案，还是相关应急法律法规，都还不够完善，这对于提高民办高校突发事件应急管理处置的能力形成了障碍。

（二）突发事件应急管理机制模式相对落后

在当前社会的快速发展中，很多民办高校尚未形成成熟的应急管理体系，使得他们处理突发事件的效率和效果受限。现存的机制更偏重于事后处理，对预防和应对突发事件的关注度不足。应急管理的主要目的是预防和减少突发事件的影响，但往往当事件发生后，不良后果已经形成，想要通过应急处理来降低影响就会面临较大的困难。

同时，许多民办高校的应急组织本身存在问题，例如，防范演练的频率不足，缺乏专业培训，使得在突发事件发生时难以快速应对。部分高校更偏向于在事件发生后进行公关处理，而对应急管理机制的重视程度不够，导致应急处理工作流于形式，且无法从事件中总结经验和教训，使得发生问题和存在风险无法得到及时的解决和控制。

（三）缺乏健全的信息沟通机制

科技的快速发展对各领域的管理模式带来了变革，包括民办高校。然而，尽管许多民办高校在信息技术方面有所提升，但在突发事件的应急管理上仍未建立起有效的信息沟通机制，这与现代管理需求不匹配。当突发事件发生时，信息获取的及时性和准确性受到影响，从而导致应对效率降低。

许多民办高校没有给予信息沟通机制足够的重视，采集到的信息往往无法满足处理突发事件的需求，对信息的分析也不够全面。学生的综合素质和信息获取能力正在不断提高，但学校的信息沟通机制似乎停滞不前。另外，一些民办高校教师对建立信息沟通机制持保守态度，缺乏足够的开放性和包容性，这可能会对学生心理产生负面影响。

（四）不具备健全的监督惩治制度

当前，许多高校的监督惩治制度并不完善，这对突发事件的应急管理产生了负面影响。处理高校突发事件需要克服许多挑战，而当监督和惩治机制不健全时，对已经发生的事件的评估可能缺乏客观性，相关责任人的惩治也可能缺位，从而加大了应急管理的难度。

现代社会中，民办高校作为培养人才的摇篮，其安全管理工作的重要性不言而喻。然而，在当前的形势下，我们必须直面民办高校监督惩治制度存在的形式主义问题以及政府和教育部门对民办高校突发事件应急管理工作监督力度不足的局面。

许多民办高校的监督惩治制度存在形式主义的问题。一些民办高校出于自身形象的考虑，仅满足表面上的要求，仅仅在纸面上制定了相关制度，缺乏实质性的执行措施。这种形式主义导致了高校监督惩治制度缺乏针对性和完整性，不能真正起到警示和威慑作用。责任人往往可以凭借知情不报、敷衍了事等手段逃避应有的惩处，这无疑给高校相关工作人员的责任意识敲响了警钟。高校的安全管理工作事关广大师生的生命安全和身心健康，也事关社会稳定和发展。我们期待高校监督惩治制度的完善和政府、教育部门在突发事件应急管理工作中进行全面的监督和指导，使民办高校能够切实履行安全管理的责任，为广大师生创造一个安全、稳定的学习环境。

五、民办高校突发事件应急管理机制完善对策

（一）民办高校应急管理预防法律机制的构想

民办高校突发事件的发生往往有其发展的脉络和基础，如果能在突发事件发展初期采取应急管理预防措施，就有可能将其化解或减轻。因此，

民办高校应急管理预防机制的有效运行对于突发事件的防范起着重要作用。同时，民办高校应急预案的编写也必须以问题导向、目标导向和结果导向为基础，注重具体细化的内容。《中华人民共和国突发事件应对法》第五条明确规定："突发事件进行应对社会工作人员实行预防为主、预防与应急管理相结合的原则"。这一原则为民办高校应急管理提供了明确的方向。民办高校应紧密结合自身特点，建立健全的预防机制，加强对突发事件发展动态的预测和预警，及时采取措施进行干预和阻断。通过积极采取预防措施，民办高校可以在突发事件初期就对其进行化解，避免事件的扩大和恶化。

（二）民办高校常态化应急管理机制的构建

针对高校不同类别突发事件的性质和特点，民办高校的决策者和管理者需要统筹规划，加强顶层设计和基层治理，以形成对高校突发事件处置工作的合力。同时，还需要妥善解决因处置突发事件引发的矛盾和纠纷，构建应急处置常态化的管理机制。针对高校不同类别突发事件的性质和特点，高校的决策者和管理者应当进行统筹规划。

不同类别的突发事件往往具有不同的危害性和应对要求。例如，火灾和校园暴力事件的处置方式和要求与恶劣天气和疫情等自然灾害有所不同。民办高校需要根据具体情况，制定相应的应急预案和处置措施，合理分配资源，加强应急管理体系建设。民办高校可以通过常态化的管理机制来提高应对突发事件的效力和能力。常态化管理包括持续开展演练和应急研究，完善应急预警和信息发布机制，加强应急培训和教育，以及建立健全的应急资源保障体系。通过不断的实践和改进，民办高校可以逐步提高对突发事件的应急管理水平。

民办高校的决策者和管理者要针对不同类别突发事件的性质和特点，统筹规划，加强顶层设计和基层治理，形成高校突发事件处置工作的合力。同时，要妥善解决由处置突发事件引发的矛盾和纠纷，构建应急处置常态化管理机制。只有这样，民办高校才能更好地应对突发事件，保障师生的安全和校园的稳定。

1. 应急管理专职人员常态化

民办高校应当设立专门的应急管理岗位，招聘专职的应急管理人员。这些人员应具备相关的专业知识和技能，有能力负责应急管理工作的组织、指导和协调。应急管理人员可组成专业团队，负责民办高校内部的应急管理工作。他们可以负责制定和完善应急预案、组织应急演练和培训、协调突发事件的应对工作等。

民办高校应建立健全应急管理人员的培训体系，确保他们获取最新的应急管理知识和技能。可以通过内部培训、外部培训、参与应急管理专业组织等方式提升应急管理人员的专业素养和能力。民办高校还可以引入应急管理专业的顾问和专家，提供指导和支持。这些顾问和专家可以具备丰富的实践经验，能够为高校应急管理工作提供专业性和实用性的建议。民办高校可以与其他高校、政府机构和专业组织建立合作网络，开展应急管理工作的交流与合作。这样有助于分享经验、共同解决问题，提升应急管理工作的水平。通过常态化应急管理专职人员的建设，民办高校能够提升应急管理的系统性、持续性和专业性。学校可以在常态下及时制定和更新应急预案，组织开展应急演练和培训，提高民办高校应急管理工作的能力和效果，确保校园安全和稳定。。

2. 应急管理机制的管理常态化、全过程、整体化

民办高校应当将应急管理纳入日常管理，形成常态化管理机制。这包括制定和完善应急管理制度和规章制度，明确应急管理职责和权限，建立健全应急管理部门或机构，并拥有专职的应急管理人员。民办高校应急管理体系应涵盖整个应急管理过程，包括日常预防、事前准备、事中应对和事后总结。这意味着要建立健全的突发事件监测和预警机制，制定科学合理的应急预案，加强应急演练和培训，及时响应和处置突发事件，并对事件后的处理和教训总结进行评估和改进。民办高校应急管理需要整体化的

管理思维，将应急管理工作与学校的各个方面相协调，包括与学校其他管理部门和教学科研机构的密切合作，与社会组织、政府部门、媒体、企业以及学生和家长等相关主体进行有效沟通和协作。

为实现管理常态化、全过程、整体化，民办高校可以采取以下措施：

一是制定和完善应急管理制度和规章制度，确保各项任务的责任、权限和流程合理明确；二是建立高效的信息共享和沟通机制，确保各相关部门之间信息及时流通，协调行动；三是加强应急演练和培训，提高各部门应对突发事件的能力和熟练度，组织跨部门的联合应急演练和培训，增强整体突发事件应对能力；四是加强与政府部门、社会组织、媒体、企业以及学生和家长等相关主体的合作，形成协同应急管理网络；五是定期进行应急管理工作的评估和改进，总结经验教训，不断提升应急管理水平。通过常态化、全过程、整体化的应急管理，民办高校能够更加积极有效地应对和管理突发事件，保障师生安全和学校正常运转。

3. 应急管理预警监测制度的常态化

民办高校应急管理部门应建立专门的预警监测机制，明确责任人和工作流程，确保预警信息的及时传递和处理。

每年制订应急管理预警监测工作计划，明确具体任务、时间节点和责任单位，加强对潜在风险的监测和预警。建立高校内部和外部的预警信息收集渠道，包括舆情、气象、地质等相关数据的监测和分析，及时掌握可能影响高校的突发事件信息。

培养民办高校应急管理人员的预警监测能力，加强相关培训，提高预警信息的判断和处理能力。制定预警信息发布的程序和规范，确保及时、准确地发布预警信息，向相关单位和人员传递预警信息。建立预警信息应急响应机制，明确各单位的应急响应职责和工作流程，确保在突发事件发生时能够迅速、有效地响应。

通过常态化的预警监测制度，民办高校可以及时了解和应对潜在风险，提前制定应急预案并进行演练，以保障师生安全和校园稳定。

4. 适当借鉴海外高校应急管理立法

我国的民办高校应急管理立法可以适当借鉴海外高校的相关经验，以提高我国民办高校应急管理水平和效能。借鉴海外高校应急管理立法的做法，我国可以制定更为完善和具体的法律法规，明确民办高校应急管理的职责、权限和程序。借鉴海外高校的做法，我国可以设立专门的应急管理机构，负责民办高校的应急管理工作，并明确其权责；加强应急预案的制定和演练，并建立相应的评估和改进机制。我国可以建立民办高校应急管理信息系统，用于收集、分析和共享相关信息，提高应急管理的效率和准确性；加强国际合作与交流，学习和分享应急管理的最佳实践，提升我国民办高校应急管理的水平。借鉴海外高校的经验，但需要结合我国民办高校的实际情况进行合理的变动和改进，确保适用性和可操作性。

5. 民办高校在校园突发事件处理中的法定地位

通过法律法规明确规定民办高校在校园突发事件处理中的职责和义务，明确民办高校的法定地位，并规定民办高校应急管理机构的权责。

民办高校应建立应急管理机构和相应的工作机制，明确各部门的职责和配合协作关系，确保校园突发事件的应急管理流程畅通和高效。

民办高校应建立与政府相关部门的合作机制，明确民办高校和政府在校园突发事件处理中的分工和协作关系，确保及时、有效的响应和处置。

民办高校应加强教职员工的应急管理意识和能力培养，开展专业培训和演练活动，提高校园突发事件处理的专业水平和应变能力。

民办高校应加大对师生、家长等各方的宣传教育力度，提高校园突发事件防范和应对的意识，增强校园安全意识和自护能力。

民办高校应建立健全的信息沟通和共享机制，确保民办高校与相关部门之间的即时互通，提高校园突发事件处置应对的协同效率。

明确我国民办高校在校园突发事件处理中的法定地位，可以提高应急能力和管理水平，确保师生的人身安全和校园的稳定安全。地方政府具有监管和指导的职责，需要对民办高校的应急管理工作进行指导和检查，确保民办高校履行应急管理的职责。地方政府也应提供必要的支持和资源，协助高校处理突发事件，并配合相关部门的联动处置工作。在制定应急管理法时，需要明确高校和地方政府的主体责任，确保责任的明确、分工的合理。这将有助于构建一个协同高校的校园突发事件应急管理体系，提高校园安全和稳定的水平。

6. 民办高校应急管理机构常设化，要明确责权

针对民办高校应急管理机构的设置，应当通过《高等学校应急管理法》予以明确。根据该法，民办高校应设立专门的应急管理机构，负责处理日常的应急事务。该机构应具备专业的应急管理知识和技能，能够有效应对各类突发事件。通过《高等学校应急管理法》的明确规定，可以建立一个规范和高效的高校应急管理机构。这将加强高校对突发事件的应对能力，确保校园的安全和有序，为师生的学习和生活提供良好的保障。

7. 建立信息发布机制

民办高校需要高度重视重大舆情，并认识到"茶杯里的风暴"可能会在现实社会中导致更大的影响。因此，民办高校应深入研判舆情从网上向网下延伸的风险和影响，及时向社会和全校师生通报突发事件的真实和详细情况。民办高校应根据应急管理法的相关规定，及时发布相应信息，对舆论加以引导。在舆论引导中，民办高校要正确发挥引导作用，避免产生舆情次生灾害。同时，保障广大师生的知情权、参与权、表达权和监督权，为他们提供相关信息，以确保他们能够了解突发事件的进展和处理情况。民办高校还应尽快平息舆情，消除疑虑，维护高校及相关方的合法权益。

处理突发事件后，根据具体情况，民办高校可以依据应急管理法，在不侵犯当事方的隐私和名誉的情况下，公布相关调查情况和处理结果。通过公布调查情况和处理结果，可以发挥教育、警示和预防的作用，以避免类似事件再次发生。

民办高校在处理突发事件时，应及时向社会和全校师生通报情况，引导舆论，保障师生权益，并根据具体情况公布调查情况和处理结果。这些做法将有助于维护高校的声誉和合法权益，同时也能够为事件处理提供教训和经验。

（三）构建"预防、保障、重建"的应急管理机制

对于民办高校的突发事件，建立完善的应急管理机制至关重要，特别是预防机制。我们需要为工作人员提供培训，使他们能够及时发现和有效应对潜在的突发事件，从而减少其可能带来的负面影响。

考虑到民办高校环境的复杂性以及突发事件发生的可能性，需要设计有效的应对模式，其中包括应急管理人员的素质培养。这些人员需要有快速反应的能力，具备防御意识，从而将应急管理从被动转为主动。

同时，应急保障机制也是高校突发事件应急管理机制的关键部分。在预防机制的基础上，我们需要进一步完善应急保障机制，包括合理分配应急经费，保障应急基础设施的完善，以及对受影响人员的物质支持。

合理规划和分配应急资金是完善应急保障机制的重要环节，我们需要确保足够的物资支持，并为应急管理人员提供必要的支持。同时，我们也需要进行法治建设，为应急保障机制的启动创造有利条件。

突发事件后的民办高校重建工作也至关重要，需要制订明确的重建计划，从恢复教学秩序、设施设备开始，以优化校园环境，调整教师和学生的心理状态。在这个过程中，应急管理机构应发挥主导作用，评估突发事件的影响，制订重建计划，控制事件的社会影响，获取公众反馈，并适时调整重建计划。

（四）健全民办高校突发事件应急管理机构的组织结构

民办高校应对现有的突发事件应急管理机构进行评估，以查找并解决存在的问题，并基于此制定完善方案。该机构的组织结构应合理、科学，

明确每个成员的职责，以提高整体工作效率。

根据实际需要，高校应设置应急领导小组，担任领导、主导并协调各院系参与的工作。同时，需要对现有的应急管理工作进行分析，以确定工作的重点和难点。

民办高校各部门的领导需要重视信息沟通和协调，需要设立协助小组来协同完成这些任务。考虑到应急管理工作的难度，如果有突发事件发生，校内可能会产生混乱，因此建立应急安抚和疏导小组是很有必要的。

发生突发事件处理结束后，应进行复盘分析，并根据民办高校的实际情况设立调查小组，以便快速追责并防止类似事件的再次发生。总的来说，通过评估和调整应急管理机构，我们可以提高应急管理的效率，减轻突发事件的影响，从而保证学校的正常运行。

（五）构建民办高校突发事件心理干预机制

民办高校突发事件心理干预机制的构建是为了能够及时有效地应对高校突发事件所引发的学生心理问题，并提供必要的心理支持和干预，保障师生的身心健康。心理学专家是进行心理评估和咨询的核心成员，他们能够通过专业的知识和技巧帮助师生应对突发事件带来的心理困扰。心理学家可以进行心理评估，了解师生的心理状态和需求，并提供个别或群体心理咨询，帮助他们处理内心的情绪和困惑。校医院医生可以为学生提供身体上的医疗支持，处理伤患的伤痛和疼痛，以及提供必要的药物治疗。同时，他们也会对身体状况产生影响的心理因素进行评估和干预，促进身心康复。干预小组可以协助心理专家和医疗工作者，提供更广泛的社会支持，帮助师生解决各种问题和困难。

民办高校建立志愿者及社工团队，可以协调福利机构、社会资源和支持网络，为师生提供更全面的帮助和支持。人员选择需要具备专业的心理咨询和干预能力，能够灵活应对各类突发事件并提供恰当的支持和指导。他们还应与其他相关部门合作，形成一个高效的响应机制，确保师生能够得到及时的心理支持。

民办高校领导在应急预案中应明确各方责任，包括成立指挥部、协调相关部门、监督执行等。民办高校领导需要指导和支持心理干预工作，推动其顺利进行，还需要具备迅速行动的能力，在突发事件发生后尽快组织心理干预工作。这些心理干预工作包括评估情况、制订干预计划、开展心理咨询和社会支持等。群众团体、学生参与者和家长也应在应急预案中承担一定的责任，他们可以配合心理干预队伍的工作，提供必要的信息和协助。民办高校群众团体可以帮助宣传和宣导心理干预的重要性，引导师生主动参与心理干预工作。

在制定应急预案时，还需要明确各方的协作机制。不同部门之间应密切合作，建立起信息共享和良好的沟通渠道，这将有助于快速、有效地响应突发事件，并协调各方资源，提供全面的心理支持。

应急预案还应包括与各类突发事件相对应的工作流程和标准操作程序，以确保心理干预工作的规范和统一。详细的应急预案有助于提高工作效率和质量，并避免因工作不当造成额外伤害。

制定完善的突发事件心理干预应急预案对于保障民办高校突发事件心理干预工作的高效性和有效性至关重要。通过明确责任和流程，民办高校各方将能够快速、有效地响应突发事件，并做好相应的心理干预工作。这将为师生和相关人员提供及时的心理支持和帮助，减轻突发事件对心理健康的负面影响。民办高校根据师生比例配备相应数量的心理咨询师，提供24小时的心理支持服务，包括电话咨询、面对面咨询和在线咨询等方式，以满足师生、家长的心理帮扶需求。

同时，民办高校还可以每年或者每学期以主题班会、专题讲座以及校园活动等形式开展心理健康教育活动，提高师生的心理健康意识和自我调节能力。定期开展突发事件心理干预宣传和教育活动，向师生宣传心理干预的重要性和方法，提高他们对突发事件心理干预工作的认知和参与度。还可以进行应急演练，让高校师生熟悉应急预案和心理干预流程。

民办高校与相关社区心理服务机构、公安机关、医疗机构等建立合作关系，构建突发事件心理干预网络。通过建立联系机制，实现信息共享、协同作战，确保能够及时、全面地提供心理干预和紧急救助。加强对突发事件心理干预的研究和探索，根据实际情况不断改进和完善机制。通过科学研究，提高心理干预的有效性和可持续性，为今后突发事件心理干预提供参考和借鉴。民办高校要构建一套完善的突发事件心理干预机制，有效减少突发事件对师生心理健康的负面影响，保障学生的身心健康，提高民办高校应对突发事件的能力和效果①。

---

① 陈维．高校突发事件应急管理处置机制研究 [J]．国际公关，2023（4）：128-130．

第五章　民办高校内部治理现状

第一节　董事会决策管理

社会办学力量的介入已经成为高等教育运行不可或缺的组成部分，它主要体现在参与和监督政府对高等教育的宏观决策上。

民办高校通过成立董事会，吸引来自社会各界的专业人士和经验丰富的管理者加入其中，共同制定学校的发展战略和政策。董事会的成员通常是由学校校长、教职员工、校友和社会知名人士组成的，代表不同的利益方，为高校提供全方位的意见和建议。同时，董事会也要对高校的运营进行监督，确保学校的发展符合社会需求和法律规定。通过董事会的参与，民办高校能够更好地适应社会需求的变化。董事会的成员能够带来丰富的行业经验和资源，为高校的发展提供重要支持。董事会还能够通过制定有效的治理机制和政策，提高民办高校的决策效率和透明度。

民办高校董事会的建立是高等教育体制改革的一项重要成果，它通过吸引社会力量的参与，为高校的决策和管理提供咨询和监督，促进高等教育体系的健康发展。在未来，我们应该进一步推动民办高校董事会的建立和发展，以提升高等教育的质量和效益，使社会团体、知名人士、家长和学生代表等进一步深入参与高等教育体系的治理和发展。董事会作为一种充分发挥社会力量的平台，能够使民办高校更好地借鉴社会经验，整合社会资源，提高决策的科学性和决策质量。

董事会的组成应该是成员多元化的体现，包括学校内部的代表（教职员工和学生代表）以及来自社会的外部人士（知名人士、企业界代表等），以确保决策的公正性和全面性。董事会应当承担咨询、监督和决策的职责，为民办高校提供重大决策的参考意见和监督机制，同时也应确保其决策的合法性和合规性。通过民办高校董事会的设立和运行，可以促进高等教育体系的发展和改革。董事会可以帮助高校更加关注社会需求和市场竞争，提高教学质量和科研创新能力，提升学校的社会影响力。同时，董事会还可以推动高等教育体系监督机制的完善，加强民办高校的内部管理和治理能力。

一、董事会决策管理的由来

民办高校董事会决策管理可以追溯到西方发达国家的高等教育体制的改革时期。随着社会的发展和高等教育的普及，传统的大学管理模式面临挑战，需要更加灵活有效的决策和管理机制。董事会的概念和实践在这一背景下应运而生。在发达国家，高等教育机构的治理结构通常由校董会（board of trustees）或董事会（board of directors）来负责。这些董事会由来自社会各领域的专业人士和经验丰富的管理者组成，他们代表不同利益方，为高校提供决策和管理的指导。董事会的成立是为了使高校能够更好地应对社会、经济和技术等方面的变化，以及更好地满足学生和社会的需求。董事会通过制定高校的发展战略和政策，为高校提供领导和监督，确保高校的运营符合社会需求和法律规定。董事会由来自不同背景和领域的成员组成，能够代表不同利益方的声音，这样可以确保高校决策的多元性和平衡性，避免权力过于集中。董事会成员通常具备丰富的行业经验和管理能力，能够为高校带来专业的意见和建议。他们能够根据自身的专业背景，为学校制定合理、科学的发展战略和政策。董事会的成员来自社会各界，能够代表社会的利益和需求。他们能够通过参与学校的决策和管理，使高校更加紧密地与社会联系在一起，更好地满足社会的需求和挑战。董事会决策管理是为了更好地适应高等教育发展的需要和社会的变化，它通过引入专业人士和多元利益的参与，促进高校决策和管理效能的提升，同时也增加了高校与社会之间的互动和共同发展。

二、董事会决策管理历史分期

（一）探索阶段（1987—1992 年）

在二十世纪八十年代末到九十年代初期，中国进入了经济改革开放的重要时期。尽管改革开放带来了巨大的机遇，同时也给传统的企业管理模式带来了严峻的挑战。在这一时期，中国企业普遍存在权力集中和信息不对称等问题，这导致了决策效率的下降。

传统的企业管理模式常常以一位或几位高管为核心进行决策，并将决策传达给下级执行。这种层级式的决策流程往往缓慢且不够灵活，使得决策者难以及时适应市场的变化和竞争的激烈程度。同时，权力集中也导致企业管理者在决策过程中过分依赖自身的经验和判断，忽视了其他员工的意见和建议。为了解决这些问题，一些中国企业开始积极探索新的管理模式。他们逐渐引入了更加民主、开放和灵活的决策机制，以提高决策效率和准确性。例如，一些企业开始建立决策委员会或团队，由不同部门的代表共同参与决策，通过多方面的讨论和协商来确定最佳的方案。这种集体决策的模式不仅能够充分利用各部门的专业知识和经验，还能够减少决策者的主观偏见和错误决策。此外，一些企业开始重视信息的收集和共享。他们建立了信息系统和数据库，通过信息技术手段将各部门的数据集中管理，从而提高决策者对业务情况和市场动态的了解。同时，这些企业鼓励员工主动分享和交流信息，以便更好地进行决策。这种信息的共享和透明度使得企业管理者能够更准确地判断市场趋势和竞争对手的动向，从而做出更明智的决策。除了决策流程和信息共享的改善，一些企业还注重培养员工的创新能力和学习意识。企业鼓励员工参与培训和学习机会，提高员工的专业素质和综合能力。同时，这些企业还建立了奖励制度，鼓励员工提出创新想法和解决问题的方案。这种创新和学习的氛围不仅促进了企业内部的良性竞争和合作，还为企业的发展提供了源源不断的新思路和动力。

在中国特色的国有企业体制下，董事会的决策权力和责任分配存在一些问题，这导致了决策效率和决策质量的低下。由于国有企业的特殊性质，董事会成员可能面临着更多的政府干预和利益博弈，这使他们在决策时难以充分发挥独立和客观的判断能力。董事会成员往往是由政府或相关部门任命的，这可能导致董事会成员之间的利益关系较为复杂，决策过程中可能存在权力斗争和派系之争。此外，由于董事会成员的背景和经验可能较为单一，他们可能难以全面了解和把握企业的各个方面，这进一步影响了决策的质量。董事会成员存在失职、监管不力的问题，他们可能过于重视自身的利益，而忽视了对企业整体利益的考量。由于内部监管机制的不完善，缺乏有效的审计和监督机制，一些董事会成员可能懈怠职责，甚至涉嫌腐败和违法行为。为了解决这些问题，一些国有企业开始采取措施来改善董事会的决策效率和决策质量，并加强对董事会的监管和约束。于是，国有企业在董事会中引入独立董事的概念，这些独立董事由企业外部选择产生，他们的职责是保护股东的权益，并监督和提醒董事会的决策过程，从而增加了企业决策的公正性和透明度。除了独立董事的引入，国有企业还设立了董事会审计委员会等机构，以加强董事会对财务和内部控制等方面的监督和管理。这些机构负责审计董事会的决策和执行情况，确保决策的合法性和合规性。此外，一些国有企业建立了监事会或董事监事会，全方位监督企业决策的合理性和风险控制的有效性。

实行改革开放后的 1985 年，广东韶关大学（现为韶关学院，公办全日制本科大学）建立第一个普通高等学校董事会。随后，1987 年 2 月，汕头大学、洛阳大学（1987 年 11 月）、武汉工学院（1988 年 11 月）、安徽大学（1988 年 12 月）、中国矿业大学（1989 年 10 月）等相继组建了高等学校董事会。到 1992 年，我国约有 100 所普通高等学校成立了董事会或类似机构。普通高等学校的董事会产生于二十世纪八十年代中后期，尽管是自发形成的，却并不是偶然的，它是我国高等教育办学体制改革的产物。

（二）发展阶段（1993—1997 年）

1993 年至 1997 年，董事会决策管理进入了发展阶段，要分析背景就是对该阶段的环境和条件进行分析，以便更好地理解其发展过程。1993 年至 1997 年之间，世界经济正处于全球化进程中，各国之间的经济联系日益紧密。这一时期，国际贸易和跨国投资迅速增长，全球市场竞争激烈。同时，信息技术的快速发展正在改变企业的商业模式和竞争方式。

在这个背景下，董事会成为企业决策管理的核心机构，董事会决策管理的目标是确保企业的长期利益，并通过制定战略规划来应对竞争压力和市场变化。然而，在此期间，董事会决策管理还面临一些挑战和问题。首先，全球化进程带来了更复杂的商业环境和风险，使董事会需要更全面的信息和知识来做出决策。其次，由于信息技术的发展，企业面临更大的信息不对称和信息过载的问题，需要董事会更加关注信息的质量和准确性。此外，全球金融市场的波动和金融危机的发生增加了企业风险管理的挑战，为应对这些挑战，董事会决策管理在 1993 年至 1997 年之间经历了一系列的分期发展，在这个阶段，越来越多的企业意识到董事会的重要性，并改革了董事会的组成和决策过程。一些企业开始引入独立董事、高级管理人员和外部顾问，以增加决策的多元性和专业性。此外，企业还加强了对董事会的监督和评估，以确保其有效性和透明度。这些措施旨在提高董事会的决策质量和效果，以保障企业的长期利益。

（三）巩固阶段（1998 年至今）

1998 年以后，董事会决策管理进入了巩固阶段。在这个阶段，董事会决策管理的环境和条件发生了一些变化，需要进一步巩固和提升。全球经济正处于持续发展的轨道上，跨国公司不断地增加数量和扩大规模。这一全球化进程不仅加强了各国之间的经济联系，还在市场竞争方面起到了推动作用。全球化浪潮迫使董事会更加注重战略规划和全球市场的变化，以保持企业的竞争力。

随着全球化进程的加深，市场竞争的压力也越来越大。跨国企业从各个角度竞争，从产品创新到市场推广，从供应链管理到成本控制，无不在全球范围内展开了激烈的角逐。在这样的背景下，企业董事会不得不更加紧密地关注战略规划和全球市场的变化。

董事会必须深入研究全球经济的发展趋势和市场的竞争格局，以及相关政治、法律、环境等因素对企业运营的影响。只有深入了解全球经济环境，才能更好地制定策略规划，以应对市场的挑战和机遇。

跨国企业的董事会作为一个全球化企业的最高决策机构，需要审视自身战略规划的相关性和有效性。他们需要明确企业的使命和愿景，确立长期目标，制定具体的战略路线图。董事会还应该为公司制定明确的经营方针和管理政策，指导各个部门和团队的具体行动。而战略规划的关键是要确保企业的发展与市场需求和全球经济的发展趋势相一致，以迎接全球化带来的竞争和变革。全球市场的不断变化也要求董事会具备更广阔的视野和更深入的了解，并且需要对不同国家和地区的经济、政治、文化等因素有一定的认知和了解，以便更好地制定和调整战略规划。同时，董事会还需要与全球各地的合作伙伴建立和加强联系，以获取更多有关市场的信息和资源。只有不断地与外部世界保持联络，董事会才能更好地洞察市场、预测趋势，并及时做出相应的调整，密切关注竞争对手的动态，了解他们的产品和服务，分析他们的优势和劣势，以及其战略的前瞻性。同时，董事会还需要积极寻求合作伙伴，建立战略联盟和业务合作关系，以获取更多的资源和优势。只有这样，企业才能在激烈的市场竞争中立于不败之地，保持竞争力。

随着信息技术的广泛应用，全球企业面临更多的数字化和自动化需求。企业董事会需要关注科技创新，并制定相应的决策，以提高企业的生产效率和竞争力。在全球关注环境保护和社会公正的背景下，企业董事会还需要关注企业的社会责任，制定相应的决策来推动可持续发展和社会价值的实现。各国政府和监管机构加强了对企业的监管和监督，要求董事会加强内部控制和风险管理。企业董事会需要关注法规和道德规范，确保企业的合规运营，并保护利益相关者的权益。为了应对这些变化和挑战，董事会决策管理巩固阶段主要采取了以下措施。首先，企业董事会加强了组织结构和决策流程的优化，确保决策的透明、高效和科学性。其次，企业引入了更多的专业化和多元化的董事，以提高决策的质量和多样性。此外，企业董事会还加强了对企业战略和经营风险的监督和评估，以确保董事会的有效性和企业的长期利益。

综上所述，1998年以后，企业董事会决策管理进入了历史分期的巩固阶段。在全球化、科技发展和社会责任等因素的影响下，企业董事会进一步巩固和提升其决策管理，以适应不断变化的商业环境和市场竞争。通过优化决策流程、增加专业化和多样性的董事以及加强监督和评估等措施，董事会能够更好地发挥其决策管理的作用，促进企业的可持续发展和利益最大化。

三、董事会决策管理的性质及特点

教育体制和经济体制是相互关联、相互影响的。高等学校董事会与企业董事会有着密切的关系，但二者也存在一些不同之处。

高等学校董事会是按照办学体制和办学规律组建和运行的，具有特殊的性质与作用。特别是在我国，普通高等学校董事会是适应社会主义市场经济体制和高等教育体制改革而产生和发展的，具有鲜明的中国特色。高等学校董事会的组建和运行是按照我国的办学体制和学校领导体制来组建的。在中国的高等教育体制中，党委领导下的校长负责制是基本办学制度。因此，高等学校董事会的成员往往由校外人士和校内教职员工组成，校长通常是学校董事会的召集人。董事会成员在决策和监督学校事务方面发挥着重要作用。

高等学校董事会的目标和职责与企业董事会有所不同。高等学校的核心任务是教育教学和科学研究，其目标是培养高素质人才和推进学术进步。高等学校董事会的主要职责是为学校的教育和科研工作提供支持和指导，保障学校的办学质量。高等学校董事会的特殊性体现在其运行模式上。企业董事会往往以股东的利益为核心，其决策更加市场化，以利益为导向。而高等学校董事会则以学校的使命和社会责任为导向，决策更加注重公共利益和社会效益，更关注教育的公平与质量。

（一）高等学校董事会的一般性质

高等学校董事会是高等教育机构的最高决策机构，具有重要的职能和责任。董事会制定高校的发展战略和政策，确定高校的发展方向、学科专业设置、招生政策等重要事项。董事会根据高校的整体发展需求和社会需求，制定并审议高校的中长期发展规划和年度工作计划，对高校的各项决策进行策划和决定，为高校的发展提供指引和保障。

高校董事会的工作职责主要是负责监督高校的各项工作情况，确保高校按照既定的目标和政策进行运作。首先，董事会对高校的财务状况、教学质量、学术科研、人事管理等进行监督和评估，以确保高校的合规运营和持续发展。董事会定期召开会议，对高校的各项工作进行总结、分析和评估，并提出建议和意见。其次，董事会负责任命和撤换高等学校的领导层，包括校长、副校长、院长等重要职位的人员选拔和任免。董事会依据高校的需要和要求，选聘具有经验和能力的人才，确保高校的领导层能够有效地推动学校的发展和管理。再次，董事会作为高校的代表，代表高等学校与外部机构和社会进行联系和合作。董事会与政府部门、企业机构、社会组织等建立合作关系，争取资源支持和合作机会，为学校的发展提供外部支持和发展机遇。最后，董事会应该确保高校的声誉、形象和品牌得到有效维护，推动学校的社会形象建设和公共关系工作，提升高校的知名度和影响力，为高校的长远发展创造良好的外部环境和条件。

高等学校董事会具有决策、监督、任免、外联和保障学校声誉等一般性质。学校董事会通过履行这些职责，为高校的发展提供决策支持、监督保障和资源对接。一个高效运作的董事会能够促进高校的健康发展，推动高校与社会的良性互动，为高等教育事业做出更大的贡献。

（二）我国普通高等学校董事会的主要特点

我国普通高等学校董事会是高等教育机构的最高决策机构，起到了重要的领导和监督作用。

我国普通高等学校董事会具有明确的法定性质，依法设立并行使职权。根据《中华人民共和国高等教育法》和《中华人民共和国学校法》，高等学校董事会依法行使职权，为学校的发展和管理提供法律依据和规定。一方面，董事会成员包括政府部门的代表，表明政府对高校的领导作用。政府代表在董事会中起到了重要的指导、决策和监督作用，确保高校行使职权的正确性和合法性。另一方面，政府在高校董事会中具有一定的任免权，对高校领导层的人员选聘和工作绩效进行评估和决策。高校内部的代表通常是学校高级领导，他们对高校具有较深的了解和丰富的经验。学校外部的代表多为教育行政管理部门的官员或者具有相关领域专业知识和经验的人员，他们可以为高校的决策和规划提供专业的指导和意见，采取委员会制度，设立多个专门委员会来负责具体的工作事项。委员会分工明确，每个委员会负责特定的领域或任务，如人事委员会、财务委员会、学术委员会等。委员会的设立和运作有助于提高决策效率和工作专业性，更好地推动学校的发展。

高校董事会的成员来自不同领域，他们在社会中拥有一定的影响力和关系网络。董事会可以通过社会资源的整合和对外合作的推动，促进学校与社会各界的沟通与合作，为高校的发展提供更广阔的平台和资源支持。不同高校的董事会可以根据自身特点和发展需求，合理确定成员构成和工作模式。在一定范围内，高校可以根据实际情况灵活运用董事会制度，适应不同高等教育机构的发展需求和管理要求。我国普通高等学校董事会具有法定性、政府领导、专业性配置、委员会制度、社会影响力和机动性等主要特点。这些特点为高校董事会提供了规范的运作模式和有效的决策机制，为高等教育机构的稳定发展和良好管理提供了保障。

四、民办高校引入独立董事制度的缘由

在分类管理的背景下，教育市场化等理论为独立董事制度提供了重要的理论基础，支持民办高校引入外部专业力量参与董事会的治理。随着教育体制改革的深入推进，国家政策也鼓励探索建立民办高校的独立董事制度，为我们提供了行动的指引。另外，从上市公司的独立董事制度中，我们可以借鉴并学习一些经验和做法。因此，我们有理由认为，为民办高校运营发展引入独立董事制度是完全可行的。

（一）理论之基

美国著名经济学家、诺贝尔奖获得者弗里德曼首次提出了教育市场化理论。他主张教育市场需要竞争，公立和私立教育机构应平等竞争。然而，民办高等教育的公益性需要创新机制来保障，这就需要民办高校引入外部专业力量参与治理。

在非营利性组织的公司治理中，存在着所有权与控制权（或经营权）

的分离，进一步发展为剩余控制权、剩余索取权与经营权的三权分立状态。两权分离理论和委托代理理论强调所有权与控制权的分离，以及决策者和管理者的分权。对于民办高等学校而言，即是通过引入外部专业力量参与高校的治理，保证高校董事会决策的科学性，并对高校的管理层进行有效监督。

法人治理理论主张在特定条件下实现组织价值的最大化，以协调内外利益相关者的关系。对于相对封闭的民办高校治理结构而言，引入外部专业力量参与治理是高校内部规范办学行为和治理能力的关键步骤。

资源依赖理论强调组织的持续发展在很大程度上取决于其获取外部资源的能力，可通过加强与其他相关组织的联系来快速获得必需资源。民办高校通过引入外部专业力量参与学校的内部治理，可以帮助民办高校获取到更多的外部人力资源以及其他可能的资源。

利益相关者理论认为，组织的生存发展离不开所有利益相关者的参与和投入，组织追求的必须是利益相关者的整体利益，而不仅仅是个别或部分利益主体的利益。因此，民办高校通过引入外部专业力量参与学校的内部治理，有利于提升民办高校的社会公信力。

教育市场化理论、两权分离理论、委托代理理论、法人治理理论、资源依赖理论和利益相关者理论等都从各个角度验证了引入民办高校外部专业力量参与高校治理的可行性，为建立民办高校独立董事制度提供了理论基础。

(二) 发展之要

独立董事制度是指董事会作为一个独立性的决策机构，其决策过程需要公正无私，不偏袒任何一方的利益且不受办学主体的影响或者控制。目前，民办高校在法人治理方面存在一些问题，学界和业界逐渐达成共识，认为需要充分调动利益相关者的积极性，并以合适的方式增加独立的专家董事、职工董事、学生董事等，形成独立的决策机构。这样能够在董事会的成员结构上保证有一定比例的教育、法律、财务等领域的专家型人员进入董事会。

有观点提出，民办高校应探索引入外部董事制度。外部董事应由具备教育、法律、财务等专业背景的校外专家担任，并且与高校的举办者或出资人无亲属关系或经济利益关系。此外，还有人建议在营利性民办高校和独立学院的董事会中引入独立董事，吸引社会知名人士、教育专家、管理专家担任独立董事，通过多元化的董事成员来源提升董事会决策的科学性。

除了在理论研究和制度设计层面将民办高校独立董事制度的建立视为推进民办高校治理现代化的关键措施之外，实践中也有一些民办高校的举办者主动放弃了控制权。事实证明，采取家族式管理的民办高校可以通过引入独立董事制度等措施，依靠政府和学校本身的共同努力，实现其管理制度和管理方式的转型。

五、为民办高校引入独立董事制度的现实需求

民办高校董事会制度是民办高校分类管理背景下的产物，是为了解决创办者控制型董事会所带来的实践难题，独立董事制度的引入对于完善民办高校的治理结构至关重要。

（一）实践诉求

董事会是民办高校最重要的决策机构，它的作用对学校的运营至关重要。在民办高校中，董事会应该是一个充满多元化视角的"智库"，并保证各利益相关者在董事会中的权力平衡。然而，目前在民办高校董事会的治理实践中，我们看到了一些令人忧虑的问题。例如，教育行为的失规、治理效率不高、缺乏公益性、社会公信力不足等。

在解决民办高校决策层存在的管理问题方面，引入独立董事制度是一

个行之有效的方式。独立董事作为董事会成员，独立于创办人和学校管理层，能够提供客观的决策和监督。独立董事选用社会知名人士，他们具备专业知识与广泛资源，能够就高校经营管理和公共利益发声，充分体现社会公众的利益诉求。引入独立董事制度可以有效避免学校决策的"专制化"，确保学校决策的公正性和合理性。

独立董事能够通过多方面的信息渠道获取全面的信息，为董事会提供独立、客观的意见和建议。独立董事在董事会中发挥着监督和决策的角色，可以通过提供有效信息和策略而达到有效地制约创办人的权力，并且保护学校各方利益平衡的结果。此外，独立董事的参与可以提升董事会的治理效率。他们能够利用专业知识和经验，帮助提高董事会决策的质量与效率，独立董事的积极性和主动性可以更好地激发出来，从而推动董事会更加主动地参与学校的治理与发展。

在公益性方面，独立董事代表各方利益进行监督和决策，能够更好地反映出办学者、教师、家长、学生、社区以及社会公众的利益诉求。他们在决策过程中能够更加重视教育公益，确保高校的运营与发展真正符合社会需求，服务社会公众。

引入独立董事制度还可以提升民办高校的公信力。独立董事的存在可以增加董事会决策的透明度和公开性，使高校的决策过程对公众来说更加清晰可见。他们的参与也可以加大对学校的监督力度和评价尺度，通过公开透明的信息披露来提高公众的信任度。

（二）制度完善

在民办高校中，建立一个以学校改革和进步为核心目标的董事会是确保学校运营成功的重要因素。我国民办高校董事会制度在民办教育法律法规的制定和修订中逐步完善。董事会从原来的非强制性机构逐渐发展为强制性机构，成为民办高校法人治理的核心机构。董事会的发展也体现在成员构成的变化上。督导专员制度的引入将监督的重点由单一的内部监督转变为内外部并重的双重监督。董事会成员构成从封闭的形式变得开放,举办者代表比例受到限制,并鼓励设立独立董事或理事。这些措施打破了单一主体的控制,促进了多元协作治理。

然而,尽管我国民办高校董事会制度正在逐步完善,我们仍然需要意识到在国家法律和规范文件层面,对于董事会成员资格、选任流程、权力义务和责任、职权行使与职责履行的内容和程序以及条件保障等方面的规定还存在不足。特别是对于社会公众代表和独立董事作为外部董事的相关规定需要进一步探索和创新。在分类管理的背景下,非营利性民办高校虽然在表面上被视为非创办者所有和分配约束,得到了独立的法人治理地位,但实际上,它们仍然难以脱离创办者的控制。同样,营利性民办学校的公益特性也可能在举办者的控制下偏离其目标。从制度层面引入独立董事制度、强化现有董事会制度的决策和监督功能,是解决民办高校董事会独立性和公正性缺失的关键措施。独立董事的引入可以确保董事会成员具备专业知识和经验,并能代表社会公众利益发声,从而更好地监督和管理民办高校的运营。引入独立董事制度有助于提升民办高校的治理水平,推动学校朝着更加公正和透明的方向发展。

(三)价值取向

民办高校治理结构的核心机构是高校董事会,但董事会能否发挥应有的职能取决于董事会是否具备足够的独立性和公正性。学者们普遍认为,优化董事会成员构成、推动成员多元化、引入外部董事制度是提升董事会独立性和公正性的有效途径。在外部董事制度中,学校聘请具有教育、法律、财务等专业背景的校外专家担任董事,并确保他们与学校举办者或出资者不存在亲属关系或经济利益关系。这样的安排可以避免利益冲突,提升董事会的独立性和公正性。

在"董事会中心主义"的治理模式下,高校的组织控制权由董事会掌握,因此,在董事会成员结构中体现独立性和公正性的价值取向成为学校治理结构的核心问题。哈佛大学前校长德里克·博克曾指出，美国高等教育制度之所以能够快速响应社会需求，部分归功于由外部人员主导的董事会制度。对于民办高校来说，引入独立董事制度有助于推动学校的规范化、专业化、公益性发展和公信力提升。

办学规范化和治理专业化是民办高校内在的需求，包括内部治理和外部治理两个层面；而强化公益性和增强公信力则是民办高校外在的治理诉求，其中，强化公益性是为了满足教育和社会的需求，增强公信力是为了满足高校自身的生存和发展需求。通过遵循教育和市场运行规律，民办高校可以实现长期的可持续发展。

在当前形势下，民办高校应引入独立董事制度，发挥独立董事的专业咨询和民主监督职能，进一步优化董事会结构，提升董事会的决策水平是其现实需求。

六、民办高校独立董事制度的框架设计

制度是一个社会博弈的规则，是一些人为设计的、形塑人们互动关系的约束。民办高校独立董事制度是有关民办学校独立董事的法律概念、法律规范和法律原则的有机结合，可以为民办学校董事会的运行提供坚强的制度性保障。

（一）基本思路

首先，独立董事制度要突出民办高校的特色。这就意味着尽管我们可以从上市公司的独立董事法律制度中吸取经验，同时也必须确保充分体现民办高校的特性。这意味着在设计法律制度时，我们必须考虑到民办高校的特性，尤其是非营利性民办高校的特性。

其次，我们需要对民办高校的独立董事制度进行分类和分层。由于民办高校类型繁多，包括营利性与非营利性、学历型与非学历型、全日制与

非全日制等。因此，针对不同类型的民办高校的董事会制度，我们需要进行个性化的设计，并根据其类型、层次和学段进行不同的制度安排。

再次，引入独立董事制度应当循序渐进。在初期阶段，我们可以选择一些具有代表性的民办高校类型作为试点，如非营利性的民办高校，然后在试点阶段总结经验，再推广到其他类型的民办高校。

最后，建议由国家教育行政部门制定关于在非营利性民办高校建立独立董事制度的指导意见。这些意见应详细阐明独立董事的地位、选任程序、资格要求、权利和义务，以及职责履行的内容与流程等。同时，这些规定也应适用于非营利性的民办中小学、幼儿园以及学历型的营利性民办学校等。

（二）主要框架

在民办高校的独立董事制度中，有几方面关键的内容需要进行规定和设计。首先是选任机制，包括独立董事的资格与条件、选任程序等内容。在考虑学校的实际情况的基础上，需要科学合理地确定独立董事在董事会中的比例和人数，明确独立董事的品德、专业知识和经验要求。同时，还需要设计相应的提名和选任的要求和程序，以及进行独立性审查，并对独立董事的任期、连任规定和退出情形等进行规定。

其次是权责配置，即明确独立董事的权利、义务和责任。在权利方面，独立董事应该享有根据法律法规、章程和规定所赋予的一般职权，并且可以拥有特别职权和发表独立意见的权利，以维护学校整体利益和公益性。在职责方面，独立董事要诚信、勤勉、独立履行职责，除了承担董事的一般义务和责任外，还要保证自身的独立性，不受任何与学校存在利害关系的组织或个人的影响。

再次是运行机制，包括独立董事的职权行使和职责履行的一系列规定。董事会作为一个合议体，通过会议制的形式进行运行，独立董事应根据程序进行权利的行使和职责的履行。独立董事制度需要设计和规范独立董事职权行使和职责履行的相关内容和程序，明确特别职权的行使程序，设立董事会专门委员会，规定独立董事发表独立意见的内容等。

最后是保障机制，保证独立董事职权行使和职责履行的条件和必要保障。高校应确保独立董事享有与其他董事同等的知情权，并提供他们履职所需的工作条件。民办高校董事会秘书或相关人员应主动协助和配合独立董事的工作，不得干预或阻碍。此外，民办高校还应给予独立董事适当的津贴，建立独立董事责任保险制度，降低他们履职可能带来的风险。

通过以上几个方面的规定和设计，能够有效地推进民办高校的独立董事制度建设，提高董事会的独立性和决策的科学性，实现高校治理的现代化①。

第二节　校长管理团队依法治校

一、依法治校工作机制的建设必要性

（一）坚持党的领导

我国民办高校实施依法治校工作机制的重要性不言而喻。实施依法治校工作有助于确保学校的正常运行和发展，维护学校的法律地位和权益，促进学校内部秩序的健康发展，提高教育教学质量，培养优秀的人才。

依法治校工作机制是对中央依法治国要求的落实。近年来，中央高度重视依法治国，将其确定为国家治理的基本方略。民办高校作为教育系统的一部分，必须积极响应，遵守国家法律法规，切实履行法律法规规定的

---

① 刘永林. 试论民办学校独立董事制度：价值内涵、可行性及框架设计 [J]. 复旦教育论坛，2020，18（4）：85-90.

职责和义务，促进高校治理能力的发展。民办高校建设依法治校工作机制是教育系统对高校提出的依法治校要求的重要举措。随着我国教育事业的不断发展，对高等教育的要求也越来越高。

依法治校不仅是保障高校内部秩序的需要，也是为了推动高等教育的改革发展，确保民办高校教育的公平、公正，从而培养出具有高尚道德品质和良好法律意识的人才。民办高校的使命之一是培养大学生成为社会主义法治国家的接班人和建设者。作为高等教育的提供者，民办高校应当注重对大学生法律意识的培养，加强法治素养教育。只有通过依法治校的方式，让大学生从校园中学习、感受法治的力量，才能使他们从根本上树立正确的价值观，坚持党的领导与自身理想信念。民办高校需要建设一套完善的依法治校工作机制。比如，每年引导入学新生登录教育部法治专题教育网站注册学习，提升法律常识和法治意识。组织学生在每年的宪法日开展"宪法晨读"等活动，通过多种形式向学生进行法治教育。加强法律教育，培养学生的法律意识和法治素养，加强法律知识的普及和宣传，增强学生的法律素质。建立健全学校的法律事务管理机制，提供法律咨询和支持服务，解决学校在教育教学过程中的法律问题。

坚持党的领导，制定并严格执行各项法规和规章制度，确保学校的各项行政行为符合法律法规的要求。坚持党委中心组的常规学习，通过集中式、分散式或者小组讨论和自由学的方式，加强学校校级领导、党委委员以及各级党组织核心成员的学习和教育。坚持党的领导的同时还要加强"三会一课"制度，坚持校级领导听思政课、讲党课等活动。

（二）赢得社会各界支持

我国民办高校在学校内积极推进依法治校相关工作并建立相应工作机制，能够满足高校对社会支持进行有效获取的需求。

近年来，民办高校面临激烈的竞争环境，学校的发展生态存在脆弱性问题，使得民办高校难以应对外部严峻的发展环境。这种情况直接影响到学校的校园安全稳定性和教育教学秩序性，甚至对学校的正面形象带来威胁。因此，我国民办高校有必要在法律法规的基本框架下，规范自身的办学行为，实现法治化和规范化的发展，建设依法治校工作机制。建设依法治校工作机制的目标是提升教育教学质量，强化高校对地方经济发展与社会发展的服务能力，实现自身良好形象的有效树立，并赢得社会各界的支持。这需要民办高校积极推进依法治校的具体工作，包括制定并严格执行校规校纪，加强学校管理的规范化和制度化建设，加强师生法制教育及加强学生法律意识的培养，建立各类法规宣传教育体系，加强与司法机关的合作，加强对校园安全和规范管理的监督和管理等。

通过建设依法治校工作机制，民办高校将更加注重法治原则在校园内的贯彻，加强与社会各界的合作与交流，建立健全的法治环境，增强学校的法治意识和法治素养。这样不仅可以提升学校的整体管理水平和教育质量，还能够增强学校的抗风险能力，有效应对外部环境的挑战和变化。我国民办高校有必要积极开展依法治校工作并建立相应的工作机制，以满足自身对社会支持的需求。这将使民办高校能够在法律法规的框架内规范管理，提升教育教学质量，增强对地方经济和社会发展的服务能力，并赢得社会各界的支持，更好地应对外部环境的挑战。

二、民办高校依法治校工作现状

（一）管理者欠缺法律意识

我国民办高校面临管理者缺乏法律意识的问题，这导致学校的依法治校管理水平相对较低。在管理工作中，许多管理人员缺乏足够的法律意识，对法治的认识不够深入，往往按照个人意愿开展管理工作，忽视了法律在校园管理中的重要性。这使得他们的行政权力难以在实际事务管理中发挥实效。

例如，一些民办高校的管理者不公开与师生利益相关的规章制度，也不会主动倾听师生的意见，导致学校教师和学生的民主权利停留在表面而没有实质性的体现。这种管理模式过于形式化，容易加剧师生与学校之间的矛盾，并且侵犯了师生的合法权益，从而严重影响高校的声誉。这种情况限制了依法治校工作机制的建设，制约了学校的发展。

面对这一问题，民办高校需要积极采取措施，加强管理者的法律意识教育。首先，学校可以通过加强管理者的法律培训，提高他们对法律法规的认识和理解，并明确法治在校园管理中的重要作用。其次，高校可以建立起健全的法制环境，制定并严格执行与师生利益相关的规章制度，确保规则的公开透明和公正执行。同时，学校应该主动倾听师生的意见，建立起有效的沟通机制，积极解决学校内部的矛盾和问题。

(二) 依法治校制度不完善

我国民办高校依法治校工作机制建设中面临内部规章不完善的问题。在民办高校进行校园管理、建设依法治校工作机制时，需要将内部规章制度视为工作开展的重要依据，利用其指引与规范学校管理工作。然而，目前多数民办高校存在缺乏完善的内部规章制度的情况，甚至部分高校处于没有规章制度可以遵循的状态。尽管一些民办高校基于党的领导积极制定了一些规章制度，但这些规章制度通常缺乏系统性与实效性，不能对其合法性进行有效保证。有些民办高校过于追求自身利益，在制定规章制度时可能会出现一些虚假性合法规章制度，实质上存在严重的违规问题。这些规章制度往往缺乏民主参与渠道，损害师生利益，并且会对学校形象产生负面影响。这些问题成为依法治校工作机制建立的一大阻碍。

为了解决这一问题，民办高校需要加强对内部制度规章的建设。首先，学校应重视规章制度的制定工作，依据高校实际情况制定更加系统完善的规章制度，确保规章制度科学、合法且具有实际操作性。其次，高校应建立健全民主参与机制，充分听取师生的意见和建议，使规章制度能够真正反映广大师生的合理期望与需求。同时，监督机制也是关键部分，学校应设立独立的监督部门，负责对规章制度的执行情况进行有效监督，并及时纠正违规行为，保障规章制度的有效实施。此外，高校还可以借鉴其他优秀学校的经验，与社会专业机构合作，共同制定有效的规章制度，提升依法治校的水平。

（三）依法治校监督不到位

我国民办高校建设依法治校工作机制的问题主要体现在执行力度不足和监督工作不到位两个方面。虽然一些民办高校在构建依法治校工作机制方面进行了积极的探索，并制定了相应的监督制度，但是由于受到各方面因素的影响，这些监督制度很难在学校管理工作中得到有效执行。影响监督制度执行的因素主要包括监督主体不明、缺乏权威性、分工不明确、职责不清等问题。

三、民办高校依法治校工作机制的建设路径

（一）强化管理者的法律意识

民办高校需要强化管理者的法律意识，这对推动管理者依法治校以及提升民办高校根据国家法律法规开展管理工作的质量至关重要。

在高校的运行与发展过程中，管理者是关键主体，他们具备较强的法律观念是民办高校建设依法治校工作机制的前提。民办高校的管理者需要自觉地提升自己的法律意识，树立正确的法治观念，掌握依据法律来管理学校的工作方法，确保自身权力的行使能够依法合法，自觉地履行自身的义务，提升高校依法治校的管理效果。一个重要的方面是民办高校管理者需要在提升自身法律意识的过程中，为师生民主行使监督权利提供保障。民办高校应该公开涉及师生利益的相关事项，认真听取学校教师和学生的意见，促进全员参与学校依法治校工作机制的构建。在此基础上，高校管

理者需要在校园内进行法治宣传，积极开展形式多样的法治宣传与指导活动，不断提升每一个成员的法律意识，使高校真正做到依法治校，推动相应工作机制的构建。

同时，高校管理者应该加强对法律法规的学习和研究，及时了解和掌握相关法律政策的变化。他们需要不断提高自身的法律素养，灵活运用法律手段解决高校管理中的问题，确保高校的各项工作符合法律规定。此外，高校管理者还应建立健全校内法治教育体系，为师生提供法治教育，培养他们的法治意识和法治素养，使整个高校的管理和运行更加合理规范。强化民办高校管理者的法律意识，对于建设依法治校的工作机制至关重要。只有管理者具备了强烈的法治意识和正确的法治观念，才能更好地引导高校的发展，确保高校管理工作的合法性和规范性。这不仅有助于提高高校管理水平，也有助于增强高校的社会信任度，树立良好的社会形象。因此，民办高校管理者应积极加强自身的法律修养，不断提升自己的法律意识，推动高校依法治校工作机制的构建。

（二）健全完善依法治校制度

我国民办高校建立依法治校工作机制需要通过健全完善依法治校制度的路径，为工作机制建设提供有利条件。

民办高校需要对自身的内部规章制度进行完善，以实现学校管理工作的规范化和法治化发展。与普通高校不同，民办高校的校园管理工作主要依靠自主管理来进行，而自主管理需要依据规章制度来顺利实施。因此，民办高校需要充分重视内部规章制度的完善。建立和完善规章制度有利于学校管理体制更加有效，提升学校管理工作的效率，为依法治校工作机制的建设提供有利基础。然而，民办高校建立和完善的规章制度必须合理合法，不能违背国家法律法规，也不能脱离高校的实际情况。对于与法律法规理念不一致的内部规章制度，民办高校需要立即废止或者修订，使其符合国家上位法的内容。对于存在一定合理性但偏离党的领导和学校实际情况的规章制度，学校需要及时进行修改。特别是那些侵犯学校师生合法权益的校规，学校需要废止或修改，以国家法律法规为指导，重新制定内部规章制度。在制度层面加强依法治校工作机制的建设工作，既能保证师生权益和学校形象，又能满足民办学校的发展需求。同时，学校还应加强对规章制度的宣传和培训，确保全体师生都能深入了解规章制度并按照规章制度进行工作和学习。此外，学校还应建立健全监督机制，确保规章制度的有效执行与落实。

（三）建立高校民主监督体系

民办高校需要充分发挥工会和职工代表大会的民主监督作用。工会和职工代表大会是高校与校内员工之间主要的沟通渠道，能够有效监督学校依法治校工作的落实情况，保障校内员工和学校双方的利益。民办高校应当鼓励员工积极参与工会和职工代表大会，充分发挥这两个组织的作用，及时反映和解决问题，推动高校依法治校工作的顺利进行。

民办高校需要成立学生委员会，并赋予其监督学校依法治校工作的权力。学生委员会担负着民主管理的职责，依法行使其权力，并通过听取和吸收学生们的意见，加强高校依法治校工作机制的建设和完善。学生委员会应该与学校行政管理层建立有效的沟通机制，确保高校依法治校工作与学生的实际需求相适应。

民办高校需要积极实行校务公开制度。民办高校应该扩展学校事务的公开范围，加大公开力度，拓宽监督渠道。民办高校重大决策和政策措施涉及师生利益时，应当进行及时公开，并确保公开过程符合相关文件和国家法律的规定。通过加强自身的监督作用，完善学校管理监督体系，可以促进依法治校工作机制的有效建立，体现民办高校对党的领导的坚持和践行①。

---

① 洪戎，宋贞，杨雪，等．民办学校依法治校工作机制研究［J］．湖北开放职业学院学报，2020，33（2）：80-81.

四、民办高校依法治校建设对策

(一) 完善民办高校依法治校实施标准

1. 建设决策监督机构，推进民办高校自主化管理

民办高校在完善依法治校的过程中要优化校级领导层的组织架构，推进决策监督机构的民主化和科学化。根据民办高校的性质，应将《中华人民共和国公司法》(以下简称《公司法》)中的董事会或理事会等决策机构与民办高校相关法律法规进行关联。民办高校应成立监事会决策机构，并明确监事会的成立程序。此外，当前民办高校领导层大多来自投资方，很多管理者没有高级职称，无法进入学术决策机构，导致学术决策与行政决策脱节。国家应出台《关于民办高校决策机构建设的指导意见》，规范学校校长进入董事会提出意见的要求，统一各民办高校的标准。同时，要厘清民办高校党组织的作用，全面落实党对民办高校的领导地位，处理好党组织与学校行政及咨询机构之间的关系，应完善内部监督系统。

现有的民办高校内部监督形式简单、方法单一，需要建立以学术反腐、行政监察、经济审计等职能为主的内部监督系统，发挥民办高校教代会、学术委员会的民主监督作用，通过多元化的民主监督机制，促进内部监督系统的健全。建立和完善民办高校内部治理的运行机制，形成一个不断提升的回路，加强各种权力之间的制约、协调，提高决策权、执行权、监督权的运行效果。

此外，民办高校要充分利用学校工会、学生会等组织来加强信息反馈，将教职员工和学生的反馈及时传达给决策者，以实现民办高校的办学目标。同时，利用教代会行使民主建设和监督，保障教职员工的民主管理权利和知情权、民主参与权，促使民办高校管理层依法治校。通过优化民办高校学校领导层组成结构和完善内部监督系统，可以进一步推进民办高

校的自主化管理。需要建立相关指导意见，规范民办高校决策机构的建设，并加强内部监督系统的完善，以实现民办高校的长远发展。

2. 构建平衡制约机制，推进民办高校制度化管理

目前民办高校制定的高校章程不能与当前民办高校现阶段的发展相吻合，不能达到促进学校内部治理高效能的目的，权威性和科学性不足。针对民办高校章程在内部制度建设中缺少科学性的问题，教育部制定并下发了《关于全面修订民办高校学校章程的指导意见》，要求民办高校全面修订学校章程。该指导意见明确了几项重点建设方向：突出民办高等教育的特征、突出学校特色文化和突出法律属性。

民办高校章程应该具有民办高校自身的特性，不能简单地照搬公立高校或抄袭母体高校的章程。此外，民办高校章程还应该体现学校的文化，并在法律规定的前提下通过民主的方式制定出来。在全面依法综合治理方面，提出了在教学、管理和服务中实施法律管理。在民办高校内部管理体系中，应该包括教学管理、财务管理、师资管理、学生管理、后勤管理等方面的建设。在教学管理方面，应该按照相关法律法规和教育部的教学计划和规定执行，提高教学质量。在财务和物资管理方面，建立健全财务制度，使资金筹集和使用合法有效。在教师管理方面，尊重教师的权利，改善教师的工作生活条件，提高教师素质。在学生管理方面，重视学生的主体地位，引导学生履行义务，体现学生的主体作用。在学校食堂管理和卫生管理等方面，严格按照相关法律法规，为师生提供充足的物资和全面的服务。

通过全面修订民办高校章程和全面依法管理，可以构建平衡制约机制，推进民办高校的制度化管理。这将有助于民办高校更好地发挥各自的特色文化和法律属性，提高教学质量，保证教育投资的有效利用，并使民办高校内部的各项管理工作更加规范和科学。

3. 融合评价标准体系，推进民办高校规范化管理

民办高校的规范化管理与相应评价标准体系亟待有机融合，以推进规

范化管理的进程。为此，需要在管理标准建设和评价体系完善两个方面协同并进，加强标准建设是关键。民办高校的规范化管理体系需要从多个方面进行加强。

首先，应加强民办高校办学活动的制度标准化。这意味着我们需要依法建立并完善民办高校的管理体制，将国家法律法规作为指导办学活动的基础。无论是学校、教师还是学生，都需要深入了解和遵守相应的法律标准，以巩固标准体系架构的基础。加强体系完善也是至关重要的。目前，民办高校的运作体系还存在一些不足之处，需要进一步完善。为此，我们需要着重在体系建设和制度完善两个方面加强工作。在体系建设方面，我们需要通过制定和执行相关制度，使民办高校的运作机制更加规范化。

其次，需要加强对民办高校运作的综合规划和管理，以确保其顺利运行。在制度完善方面，需要不断优化和改进民办高校内部的管理制度，使其更加符合规范化管理的要求。同时，还应注重推动依法办学机制和理念的渗透，探索出一套适合民办高校的规范化体系框架。通过加强标准建设和体系完善，可以实现民办高校的规范化管理，推动其健康发展。这将有助于提升民办高校的整体管理水平，提高教育质量，为学生提供更好的教育资源，同时也巩固了民办高校作为法律主体的地位和影响力。

4. 优化沟通尊重师生，推进民办高校民主化管理

民办高校要营造民主化管理的氛围。不同办学模式的民办高校，其管理队伍的成员构成不一样，尤其是非个人投资创办的民办高校。高校的创办方和主管领导来自投资的企业或者其他领域，对教育办学可能了解较少，与崇尚民主化管理的教授（教师）之间可能存在办学理念上的冲突或意见分歧，不利于学校的内部治理与学校的发展。

民办高校领导班子应该有内部凝聚力，各部门和机构要明确自己的职责，制度化管理，确保按章办事。同时，全体员工也应该团结一致，积极

工作，及时解决内部问题，使高校成为和谐、平安、人文的校园，形成良好的文化氛围。要实行民主集中制，无论是民办高校还是公立高校，学校都有学科和事业的双重职责，为了使两者能够有机协调发展，需要创造一种组织机制，吸收教学科研专家学者的参与。在学校的重大决策工作中，应充分听取广大教职工的意见和建议，特别是在学术性工作的发展中，应推进教授治校，通过教授会、评议会等途径使教授在民办高校的管理中发挥学术权力。

虽然民办高校已经建立了教代会和工会等民主管理组织，但是这些机构的职责还未能得到充分发挥，需要得到认可和支持。这方面的首要任务包括进一步加强教代会的民主监督，强化工会对师生合法权益的维护。因此，民办高校应将"两代会"视为维护师生合法权益的重要机构，在此基础上建立科学有效的工作机制。通过营造民主治校氛围、实行民主集中制和夯实"两代会"职能，可以加强和推进民办高校的民主化管理，满足师生对管理沟通的需求，使民办高校能够更好地发展。

(二) 强化民办高校依法治校主体意识

1. 加强"法律法规宣传"氛围营造

作为培养人才的民办高校，给师生群体宣传法律知识是非常重要的。学校行政部门要加强对法律知识的宣传教育，将知法、懂法、守法作为治理学校的硬性要求。

学生和教师都应该具备良好的法律意识，将法律观念合理运用到教育教学活动中去。同时，民办高校还可以为教职工提供相关的法律培训和素质提升课程，提高师生整体的法治素养。民办高校可以通过各种形式，让全校师生都认真学习和落实各项教育法律法规。与此同时，积极听取学生和教师的意见，加强他们对依法治校的价值认同。民办高校的党委需要树立法治意识，以《关于加强党的执政能力建设的决定》为最高精神标准。民办高校的领导在依法治校实践中要起到典范作用，学校领导要首先落实法治要求，然后向教职工传达法治要求，最后引导学生知法、懂法、守法，在法治意识的培养方面起到层层推进的作用。

民办高校领导干部应当加强自身的法律素养，不断学习法律法规，并且严格按照法律法规办事，成为广大师生的榜样，引导师生注重法律意识的养成。通过加强学习法律法规的氛围营造和党委树立法治观念，民办高校能够解决学习法律法规不全的问题，提升师生对法治的认识和素养，进一步加强校园法治建设，推动民办高校向更加规范、合法、有序的方向发展。

2. 加强"依法办学"环境构建

为了更好地促进高等学校履行职责和依法履行使命，民办高等学校必须加强具有中国特色的现代大学制度建设。

现代大学处于复杂的社会关系中，既要处理外部关系，也要处理内部关系。为此，应努力探索高效创新的教学方式，充分发挥教授在教学、学术研究和学校管理中的作用。同时，加强教代会及学代会建设，发挥群众组织的作用。制定灵活的规章制度，并按照规章制度的规定进行高校管理。创造宽松的学术环境，尊重教师主体地位。全面落实用人制度和岗位管理制度，建立科学的评价和激励机制，扩大与社会的合作。此外，可以利用探索建立高校理事会或董事会的方式，改善社会对高校发展的支持和监督机制，也可以利用探索高校与产业和企业之间紧密合作的模式。

民办高校领导干部只有树立法治理念，才能确立高校依法治校的权威和信念。依法治校的生命力和权威在于实践，必须让依法办学的理念成为学校领导干部主动自觉的思维方式，成为他们处理任何重大问题时的价值选择。学校领导干部应自觉依法办学，从而提升依法办事的领导能力。对于违反依法办学、踩红线的行为，应实行零容忍。问责制度应成为培养领导干部遵法、信法、守法、用法的行动自觉。将依法办学的成效引入领导干部的绩效考核和选拔任用标准中，让依法办学成为领导干部工作实践的重要内容，优先提拔那些依法办事能力强的党员干部，通过加强中国特色现代大学制度建设和提升民办高校领导干部的法治理念和纪律观点，可以进一步加强这些学校的法治环境，提高其依法办学的水平和能力。这将为民办高校的发展提供有力的保障①。

第三节 党委会监督保障

一、四位一体的现代大学治理体系建设及意义

自《民办教育促进法》颁布以来，我国民办教育快速发展，已经成为社会主义教育事业的重要组成部分。本研究以陕西的西安翻译学院作为典型案例来阐述民办高校治理体系。

西安翻译学院坚持以《民办教育促进法》为办学准绳，以推进转型发展和双一流建设为抓手，以建设具有地方示范作用的民办大学为目标，把内涵发展作为学校发展之本，不断提升核心竞争力和综合实力。该校遵照《民办教育促进法》的精神，按照监督、管理、办学分离原则，形成了创办者拥有法人财产权和评价监督权、董事会拥有决策权、校务会行使办学管理权、校党委发挥政治核心和监督保障作用的新型现代大学运行机制，构建了现代大学制度和大学治理模式。这是西安翻译学院率先打破我国民办教育家族化管理的传统，实现管理体制机制的重大突破，是民办高校与时俱进，力推改革，勇攀高峰的创举，对提升高校内部治理能力，提高办学水平，促进民办高校可持续发展具有重大意义和深远影响。该校的做法受到了时任陕西省副省长庄长兴的高度肯定和支持。2016 年 9 月 21 日，庄长兴在考察学校时指出，"西安翻译学院积极探索构建由投资人监督，

---

① 张丰军. 全面依法治国战略布局下民办高校依法治校研究 [D]. 武汉：武汉理工大学，2020.

董事会决策，校务会执行，党委实施政治核心和政治保障的现代大学治理机制，这种机制很有创新意义。"

二、校院系三级建制两级管理体系的建设及作用

为进一步适应我国高等教育新生态和高等教育深化改革新形势的需要，西安翻译学院在高校的体制机制改革中将"校、院、系三级建制、两级管理、以系为主"的运行体制调整为校院两级管理体制，逐步建立起有利于二级学院相对独立运行、适应民办高校发展需要的运行机制。西安翻译学院支持并鼓励二级单位结合工作实际，建立科学的评价与考核机制，对教职工和学生的创新实践以包容的态度给予扶持与鼓励；在高校内部实现了风清气正、清清爽爽的工作机制与工作关系，在全校范围内初步建立起较为完善的"能者上、庸者让"的人才评价和考核机制。

西安翻译学院的改革实现了管理重心下移，构建起了"对内有效服务、对外有效合作、对上有效承接"的机构体系。为理顺高校与二级分院的两级关系，优化资源配置，强化二级学院职能，充分调动教师的积极性和创造性，进一步提高高校的教育教学质量和管理水平，提升高校内部管理效率和管理效果奠定了良好基础。

这是西安翻译学院遵循高等教育规律，着眼未来发展，加快内涵发展、转型发展、建设"一流学院、一流专业"而进行的内部治理改革的重要举措，对高校教育教学改革不断向纵深发展和人才培养质量以及综合实力的提升起到了巨大的推动作用。

三、党组织的监督保障

西安翻译学院始终坚持社会主义办学方向，2000年6月率先在陕西民办高校中成立校党委，为学校教育事业的长足发展提供了强有力的政治核

心和监督保障。办学以来，该校始终坚持以习近平新时代中国特色社会主义思想为指导，以党的政治建设为统领，以落实立德树人根本任务为核心，以践行社会主义核心价值观为抓手，以新修订的《民办教育促进法》的落地实施为契机，学校党委不断提升基层党组织的组织能力和执行能力，坚持"为党育人、为国育才"的教育初心，牢记培养担当民族复兴大任的时代新人育人使命，围绕"为谁培养人、培养什么样的人、怎样培养人"这个根本问题开展党建工作，立足服务学校中心工作，聚焦主责主业，强化担当作为。该校凝聚师生力量，深入推进"不忘初心、牢记使命"主题教育，扎实开展"讲政治、敢担当、改作风"专题教育，充分发挥了基层组织的战斗堡垒和党员的先锋模范作用。学校党建工作卓有成效。目前该校成立有十三个二级党委，七个直属党支部，一个党总支部，形成了有效的党组织建设。

近几年来，西安翻译学院党委先后获得了陕西省高校"先进基层党委"、全省非公经济组织和社会组织"党建工作优秀品牌"、全省"五星级党组织"等荣誉称号，在全省乃至全国民办高校党建工作中很好地起到了"标杆"和示范引领作用，为学校坚持公益性办学方向起到监督保障作用，实现了党组织在学校内部治理中的领导作用。

第六章　民办高校内部治理的类型和特征

民办高校经过四十多年的恢复发展，高校内部治理经历了从感性的经验治理到理性的科学治理、从粗放式管理到精细化管理、从传统管理走向现代化治理的转变。目前民办高校基本形成了相对稳定的几种内部治理模式，并积极探索通过内部治理解决长期制约高校发展的问题。

第一节　民办高校内部治理机制

民办高校内部治理决定着学校整体办学、治校、育人的水平。我国民办高校发展四十多年，在内部的机制建设、教育教学质量保障、师生民主管理与服务等方面，依然存在问题。

一、当前民办高校内部治理面临的主要问题

2017 年 9 月，中共中央办公厅、国务院办公厅印发了《关于深化教育体制机制改革的意见》，在其中明确指出："要健全促进高等教育内涵发展的体制机制，依法落实高等学校办学自主权，改进高等教育管理方式，不断提升治理能力。[①]"为民办高校进一步提升内部治理能力与水平加入了催化剂。

---

① 陈艳权，李家新．应用型大学内部治理机制探究［J］．三明学院学报，2018，35（1）：95–100.

对于治理能力与水平的认识，国外管理学学者哈罗德·孔茨、鲍勃·杰索普、威廉姆森，以及我国学者董圣足、徐绪卿等人认为民办高校内部治理指的是民办高校的理事会（董事会）、校长及其团队、师生共治组织等三个民办高校里的利益群体，为提高办学能力与水平，共同行使办学权力，并严格按照制度体系的权责规定和行为边界，对学校经费管理、平台建设、师生队伍等重要资源进行整合和分配，以实现高校建设发展需要以及提高对校外社会系统的适应性。提升和完善民办高校内部治理机制，对培养符合新时期经济社会发展要求的人才和办学治校效益具有重要意义。

（一）董事会权力缺乏制衡

当前民办高校的董事会存在一些问题，如人员组成随意、缺乏决策机制等。这些问题使得董事会成为一个任由投资方指挥决策的机构，类似于家族式管理模式。

要解决这些问题，需要建立相应的制衡机制，确保董事会权力的合理分配。董事会是民办高校的最高决策机构，应该具备一定的规范和制度。当前的问题主要源于董事会人员组成较为随意，没有建立起相应的准入机制。尽管《民办教育促进法》为民办高校的发展提供了法律依据，但对董事会成员的产生办法、成员构成比例等并没有明确规定，导致投资者容易控制董事会，而董事会成员的组成方式随意，有时甚至董事会成为摆设。这使得民办高校的决策过程仍然以家族式管理为主。在与民办高校的内部管理者进行访谈的过程中，发现有民办高校的董事会因为一次会议问题的讨论意见不合，而在随后的一年时间都没有再召开过董事会。

为了解决这一问题，应当加强对董事会的规范。首先，需要明确民办高校董事会成员的产生办法和具体成员构成比例，确保代表多方利益的董事成员参与决策。其次，应加强对董事会成员资格的准入机制，建立一套科学、公正的选拔和评价机制，确保董事会成员的素质和能力。此外，还需要制定相关的决策程序和决策机制，确保董事会的决策过程合法、民主和透明。同时，要加强与董事会决策相制衡的机制，可以通过设立独立的监事会或委员会，对董事会的决策进行监督和审查，确保董事会的权力不被滥用。此外，可以加强报告和信息公开制度，提高董事会的透明度和问责制度；还可以考虑引入外部专家、学者等独立成员，提供专业意见和建议，避免董事会成为一个权力集中的机构。通过建立相应的权力制衡机制，民办高校的董事会可以更好地履行职责，形成一个完善的决策机制，这将促进民办高校的健康发展，确保学校的法治环境能得到进一步加强。

（二）教职工参与高校内部治理意识薄弱

当前，民办高校的教职工对高校的归属感较低，参与高校内部治理意识薄弱，缺乏积极性和主动性。这在一定程度上是因为高校管理方式的特殊性以及内部治理缺乏有效沟通导致的。由于民办高校投资办学的特殊性，教职工代表大会无法真正发挥作用。民办高校的生存和发展更多地由投资人或董事会决定，教职工处于被动接受的状态。这种管理方式使得基层教职工缺乏主动参与学校内部管理的意愿，被迫采取消极应对策略，他们往往感到缺乏话语权和决策权。

部分民办高校的内部治理缺乏有效的沟通机制，使得基层教职工的意愿难以传达到学校的高层。缺乏有效的沟通导致教职工无法与管理者达成共同的价值观和价值追求，进而产生归属感。没有归属感的教职工自然会对学校的治理表现出较低的参与意愿。

针对这一问题，需要采取一系列措施来激发民办高校教职工的参与意识和积极性。首先，要加强内部治理的透明度和公正性，确保教职工能够了解学校的决策过程，增加他们的参与意愿。其次，建立有效的教职工代表机制，确保教师可以通过代表发表意见和建议，参与学校的决策。此外，要加强沟通与交流，设立渠道，使得教职工能够向管理者表达需求和意愿，并确保这些意愿能够得到有效的反馈和落实。最后，要增强民办高校教职工的归属感，激发他们参与高校内部治理的积极性和主动性。同时，这也有助于促进民办高校的发展和进一步提升民办高校的治理水平。

（三）民办高校内部现代化治理能力不足

随着社会发展的推进，民办高校的内部管理变得越来越复杂，部分学校开始效仿公办高校成立学术委员会等机构。然而，目前民办高校调整和变更学校专业的决策权和主导权完全由高校高层或董事会决定，同时高校学术委员会成员多由具有高级职称的行政领导兼任，这导致学术委员会在专业审议和学科设置方面无法与行政领导形成有效制衡。因此，民办高校存在专业设置不合理、科研激励不足等问题。由于学术委员会未能发挥应有的作用，部分民办高校出现了院系设置不科学、专业设置过于功利化等现象。这些民办高校要么简单地模仿公办院校，要么盲目追随社会热点设置专业。在科研方面，民办高校虽然近年来加大了对科研的投入力度，但仍然存在科研意识不强、科研力度不大、科研能力较低等问题。同时，面对快速发展的互联网科技，部分民办高校内部推动教师信息化的力度不够，资金投入也不足，导致教师和学生对现代化信息的感知和运用能力都有所欠缺[1]。

二、当前民办高校内部治理问题的解决

（一）科学规范民办高校管理

规范管理是新修订后的《民办教育促进法》对民办学校办学最基本的要求。民办高校要培养符合经济社会发展的人才，在当前经济社会要做到高校与政府、企事业单位（行业）、高校之间的资源协同合作，达成发展利益共享、培养责任共担的育人合作模式。高校发展资源的获取和调配要

---

① 柳国勇，韩维. 民办高校内部治理结构优化的路径和措施 [J]. 教育观察，2019，8（10）：114-116.

求学校党委权力、行政权力的协同合作，发挥管理效益。教师队伍建设、管理队伍培养、招生工作、科研管理、奖助学金评审、教学管理和评价监督、学习成果评估、学校财务管理等工作，都是围绕服务人才培养这个中心工作来运行的。

（二）提升民主管理

提高校内二级院部（单位）的办学积极性和自主权。民办高校是以学科和专业建设、发展为基础要素的社会组织，具有教学单位的社会服务性质、人才培养的公益属性，又兼具学术组织的自主特性。在办学治校的过程中，民办高校不但要以办学成果为目标结果，同时又要以规范化运营达成办学目标。高校人才培养的工作核心主要在校内各个二级教学单位（院部）。因此，要充分调动二级院部的积极性，将管理的重心下移，发挥其自主权和能动性，调动办学活力；落实教授治学、治教，尊重学术的专业性，发挥学术权力，实现民主管理与民主监督。

现阶段，我国民办高校大多采用的是管理学中的科层制管理模式，管理层级多，效率不高；有的学校实行"家长制"，高校的决策重心以董事会为核心，管理权力以部分主要管理者为核心，尤其是在人力资源、财务、教科研等方面较为突出，会影响二级院部的办学积极性。因此，逐渐降低学校科层制的治理力度，实现管理扁平化，改变"金字塔"式的管理模式，减少管理层级。将治理重心向二级院部下移，是激活校内资源、提升办学积极性和主动性、提高办学质量和办学效益的重要策略改变。

第二节　民办高校内部治理的模式

民办高校作为中国高等教育体系中的一部分，其治理模式在持续发展中经历了不断地探索和创新。民办高校设置校董会、校务委员会等机构，由校董会或校务委员会负责高校的战略决策和重大事务的决断。

校董会通常由校外人士、企业家、教育专家等组成，起到监督和指导学校发展的作用。校务委员会则由学校内部的领导班子和学者代表等组成，协助实施校董会决策的顶层设计。民办高校选择设立非营利组织作为治理机构，以公益性质管理学校，注重社会责任和公共利益的实现。非营利组织通常由校外人士、学界知名人士和社会名流组成，负责制定战略规划、监督学校管理、募集资金等重要事务。

可将民办高校作为一家股份制公司，通过向社会投资者发行股份来集资。学校股东会作为最高决策机构，负责选聘和评估高级管理层，以及审批年度预算和重大项目。这种模式可使民办高校具有较大的经营灵活性和市场竞争力。民办高校采用与国内外高校、企业和政府等合作的治理模式，通过与高等教育机构、企业和政府合作，共享资源、共同开展教育项目和科研合作，提升高校的教育质量和学术水平。民办高校的治理模式并非单一，不同的高校具有不同的特点和侧重点，多种模式也可以相互结合。

在实际操作中，民办高校可以根据自身的定位和发展需求选择适合的治理模式。同时，建立良好的内外部沟通机制和合理的信息披露机制也是有效推进民办高校治理的重要手段。民办高校的治理模式需要结合自身情况和发展目标进行选择，注重科学规范的管理、透明公开的决策和多方参与的合作，以确保高效、稳定和可持续的发展。总之，通过控制权角度和管理角色理论，我们可以对民办高校的内部治理结构进行分类和分析，从而更好地了解和改进民办高校的治理水平，如图6-1所示。

根据民办高校中举办权、决策权、执行权、参与权、监督权这五种权力在不同民办高校中的比例分配、排序、产生和发展变化的过程，并结合民办高校内部治理实践，可以将民办高校内部治理模式分为五种，如表6-1所示。

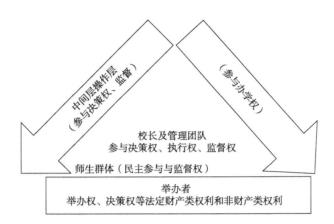

图 6-1　民办高校内部主要权力模型

表 6-1　民办高校五种内部治理模式比较①

治理模式	松散结合型治理模式	专家单边治理模式	出资者单边治理模式	多边治理模式	利益相关者共同治理模式
时间段	发展萌芽期（20世纪80年代）	发展起步期（20世纪80年代至90年代）	规模扩张期（20世纪90年代至21纪初）	规模扩张向内涵建设转变期（20世纪90年代末至21纪初）	内涵建设、质量提升期（21世纪早期）
创办者特征	无原始投入，滚动发展	无投入或较少投入，滚动发展	企业投入，滚动发展	公办高校与企业共同举办、中外合作举办	非营利性学校为主
内部治理特征	松散治理	专家治校	创办者控制	分权治理	共同治理
优势	权力平等，无绝对控制权	政令统一，决策迅速	办学资金保障，管理效率高	让渡部分权利，实现部分制衡	利益相关者共同拥有对学校的控制权，实现分权制衡、有效协调

①　周海涛.中国教育改革开放40年：民办教育卷［M］.北京：北京师范大学出版集团，2019：119。

治理模式	松散结合型治理模式	专家单边治理模式	出资者单边治理模式	多边治理模式	利益相关者共同治理模式
局限性	不稳定、无序状态，必将迅速转为有序	人治为主，难保稳定和可持续性发展	缺乏利益机制制衡，利益相关者参与度低	有限的利益制衡机制，利益相关者参与度低	需要配套构建科学系统的运作机制，防止决策时间冗长，治理效率低下

一、松散结合型治理模式

在二十世纪八十年代的改革初期，民办高校处于初创阶段，大多数由教育工作者发起创办。当时高校规模较小，教师人数少，教室主要依靠租赁，教学内容主要涵盖参加培训人员的考试内容，或者是相关职员进行行业余进修的工作内容相关的技能和专业课程，还有针对高考落榜生的高考复习等。这是民办高校发展初期的基本情况。在那个时候，民办高校的工作人员和管理队伍结构单一，学校的创办者和办学者是自发结合的，各种权力之间的较量相对较弱。民办高校成员不稳定，管理处于无序状态，内部层级简单，管理目标单一而松散。然而，随着办学规模的不断扩大，民办高校的内部治理迅速转变成有序治理是大势所趋。

随着办学规模的扩大，民办高校开始引入更加规范和科学的管理模式，学校逐渐建立了更完善的组织结构和管理体系，明确了各个层级的职责和权力，并加强了对师生的管理和服务。学校内部的管理目标也逐渐多元化，不再仅限于单一学科的教学内容，而是着重提供全面素质教育和学科发展。通过这一发展过程，民办高校的内部治理逐渐由松散转向有序。学校的管理队伍结构更加完善，各个职能部门协同合作，实现了内部权力的分工与合作。同时，民办高校也加强了内部的规章制度建设，确保各项管理工作的科学有效进行。

二、专家单边治理模式

专家单边治理模式形成的主要原因在于有部分民办高校是由公办高校的退休教师或者高校行政管理人员合作创办的。这些创办人身兼数职，既是民办高校的创办者，又是民办高校的管理者，甚至可能还同时兼任教学任务的教师。在高校的初创阶段，创办者和管理团队对学校拥有绝对的控制权和管理权，形成了创办者（退休教授）治理结构，也被称为"专家治校或教授治校"的雏形。创办者对民办高校拥有创设权、决策权和执行权，可以快速做出决策并高效执行。在专家治校的治理模式下，民办高校内部权力主要集中在创办者手中，其他办学主体的参与权和监督权相对较弱。民办高校内部的决策层和执行层的界限模糊不清。民办高校战略决策主要是由执行层制定的，这些决策往往是对高校发展愿景的规划，甚至是创办者个人办学理念的展示或者个人意愿的延伸。因此，战略决策过程表现出高度非理性，以创办者为治理中心。

这种治理模式对于民办高校的稳定发展和可持续性缺乏支持力量，迫切需要更符合高校发展需求的治理模式。

三、出资者单边治理模式

出资者单边治理模式是一种公司治理模式，其中公司的出资者拥有决定公司事务的决策权，而其他利益相关方的发言权和决策权被大大削弱或忽视。在这种模式下，出资者通过投资资金来获取公司的股权，并通过拥有多数股份来掌握公司的决策权。

在出资者单边治理模式中，出资者通常是民办高校的大股东或股东代表。由于他们的股权投资比例较大，他们能够单方面确定高校的治理政策、经营战略、高层管理人员的选拔和薪酬等重要决策。这使得出资者具有强大的话语权和决策权，能够迅速做出决策，并且快速执行，从而提高民办高校的灵活性和决策效率。这种模式通常被认为是一种高效的高校治理模式。出资者可能更关注短期利益而忽视民办高校的长期发展。他们可能会采取一些短视的决策，为了追求眼前的利益而牺牲高校的长远利益。这样的决策可能让民办高校在利润最大化和股东回报方面取得短期成功，但长远来看却可能损害了高校的竞争力和可持续发展。除了股东，一个民办高校还有很多其他利益相关方，这些利益相关方的利益可能被忽视，导致高校形象受损，教职员工离职率增加，招生渠道受到冲击等问题。这可能对高校的可持续发展产生负面影响。如果决策权过于集中在少数几个人手中，容易导致代际冲突、人才流失等问题。此外，如果出资者过于强调自身的利益，而忽视了民办高校的整体利益，可能导致高校内部冲突，甚至引发高校的危机。在出资者单边治理模式下，高校需要平衡出资者的利益与其他利益相关方的利益，并建立透明、负责任、高效的高校治理机制。民办高校管理层应该保持良好的沟通与对话，并始终以高校的整体利益为出发点来做出决策。同时，监管机构和股东代表应该加强监督和约束力度，确保高校依法运营，保护各方利益。民办高校仍然需要在利益相关方之间建立均衡，确保民办高校的可持续发展。只有通过平衡各方利益，建立良好的民办高校治理机制，民办高校才能在全球竞争中取得竞争优势。

四、多边治理模式

在多边治理模式下，民办高校或独立学院的治理结构不仅包括出资者、高级管理人员以及行政人员，还有教师、学生、家长等多个学校利益相关方。这些学校相关群体通过各种机制和渠道参与高校的决策制定和运营管理，形成一个多元参与的治理体系。在多边治理模式下，出资者仍然在决策中发挥重要作用，但其他学校相关群体也能够通过各自的代表或机构参与决策过程，行使相关的权力和履行相应责任。教师代表可参与制定教育教学方针和教学计划，学生代表有权提出学生权益保障和学校环境改善的意见，家长代表则可以参与学校的管理和监督。多边治理模式能够集思广益，汇聚各方智慧，提高决策的准确性和针对性。多边治理模式有助于构建积极和谐的校园氛围，增强学校内部凝聚力和归属感。多边治理模式还有助于促进民办高校与社会各界的互动与合作，提供更广阔的发展机遇。不同学校相关群体之间可能存在利益冲突和不同理念，需要协商和平衡不同的利益诉求，多边治理需要各方共同承担责任，包括有效履行相应的权利和义务，这对各相关方的参与和配合能力提出了要求，民办高校需要建立有效的机制和程序，确保决策的快速和高效执行。多边治理模式是指在民办高校或独立学院的法人治理结构趋于完善时形成的一种治理模式，该模式通过多方参与和多方决策，促进校园各方的合作与共赢，提高民办高校的发展质量和水平。然而，多边治理模式的实施也需要解决各方的利益平衡、责任共担等问题，确保治理的有效性和可持续性。

五、利益相关者共同治理模式

利益相关者共同治理模式是在《民办教育促进法》的修改以及民办高校从应用型向内涵式发展转型后，随着民办高校师生群体对办学的参与权日益增高，以及对学校的发展越来越关注的背景下发展起来的。如图 6-2 所示，利益相关者共同治理模式是指民办高校的投资者、管理人员、师生群体和政府等利益相关者共同拥有对学校的控制权，通过理（董）事会等决策机构共同参与学校决策，并与其他利益相关者有效协调。

在利益相关者治理模式下，民办高校能够调动师生群体在高校内部治理中的参与者主体意识和能动性。师生群体在高校的重大决策和民主管理以及监督等方面具有参与者的地位与作用，这是把对民办高校的控制权分散到整个师生群体和创办者等系统组织里，促使所有利益相关者对高校发

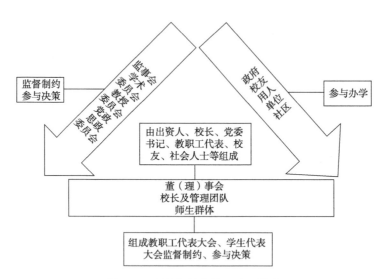

图6-2　利益相关者共同治理模式

展战略和发展方向提出建议并参与其中。无论是非营利性或营利性民办高校，利益相关者彼此对控制权博弈最终使民办高校内部治理结构走向共同治理。

以上几种模式都是以民办高校投入者的主体身份为视角进行划分，对每一种模型进行简化解释和分析。然而并非同类型的投资办学者的民办高校在内部治理上就一定符合某一种模式，每一种模式都是对现有治理特征的提炼总结和类型化解释。

第三节　民办高校内部治理的特征

一、从多元到统一

由于民办高等教育从恢复发展、快速发展、规范发展到内涵建设的历程，这四个阶段都具有复杂性。每一次政府对民办高校治理的要求从文件政策的出台和颁布实施都是伴随着民办高校的发展而进行更新、完善。但是在 2003 年《民办教育促进法》出台之前，民办高校内部治理模式各异，形式繁多，主要是以投资办学者为治理核心，缺乏治理的科学性和合理性，不利于民办高校的可持续发展。

以理（董）事会领导下的校（院）长负责制：在这种形式下，高校的最高管理机构是学校理事会或董事会，校长或院长负责具体的日常管理工作。理（董）事会拥有重要的决策权和监督权，而校（院）长则负责执行决策和管理学校。由校务委员会领导下的校长负责制：校务委员会是学校内部的决策机构，在这种形式下，由校务委员会领导，校长负责具体的管理工作。校务委员会由高校内部的各种利益相关方组成，包括校长、教师代表、学生代表等①。

在 2003 年《民办教育促进法》颁布之前，民办高校的治理状况存在非规范化的情况。然而，随着《民办教育促进法》和民办教育实施条例的颁布，民办高校根据法律要求逐渐朝着建立理事会领导下的校长负责、党委督导办学的治理方向发展。2016 年修订后的《民办教育促进法》明确对民办高校进行非营利性和营利性的分类管理，并要求民办高校法人治理结构统一到实行理事会领导下的校长负责制。所谓理事会领导下的校长负责制，是指民办高校的决策层是理事会，校长及其团队则是管理层，明确了各自的权责范围。通过董事会领导下的校长负责制，民办高校的治理结构变得清晰，理事会作为决策层，校长及其团队作为管理层，各自有明确的权责范围，以实现民办高校的规范化治理②。

但是在实际的高校运行中，因为受制于国家政策法规的不完善、民办高校的发展历程以及民办高校举办者的办学理念等诸多因素的影响，仍有一部分民办高校对法人治理结构的落实执行只是停留在形式上，并未充分实践到高校的内在治理之中并发挥其应有的作用。

---

① 韩民：《民办学校法人治理结构如何完善》，载《中国教育报》，2004-07-18。
② 《民办教育促进法》，2017 年，中华人民共和国主席令，第五十五号。

二、从"任性"到理性

民办高校在发展初期和迅速发展时期是在国家政策与社会需求之间的夹缝中求生存。为了获取更多的资源，一些民办高校的创办者利用国家法规政策存在的制度缺陷和漏洞，在二十世纪九十年代末"教育产业化"办学理念的刺激下，不重视内部治理建设，而是"任性"办学。个别投资者以追求经济利益为办学目的，忽视了对教育质量的把控，违背教育公益性原则，在社会上造成了一定的负面影响，不利于民办教育的整体发展。个别民办高校创办者滥用办学自主权，出现利用虚假招生广告进行招生宣传，没有做到诚信办学，对学生的收费标准的随意性制定太大等情况。随着民办教育的迅速发展，民办高校规模越来越大，内部治理机制方面存在的问题越来越被凸显出来，由此导致的深层次漏洞被暴露。比如，2012年前后，西安联合学院、华西大学等民办高校"以合作办学之名，做非法集资的事情"，导致资金链断裂，学校被勒令停止办学。问题出现后，陕西省教育厅一位退休官员说，"民办高校的收入主要依靠学费，所以招生的多少，直接关系到一所民办高校生死存亡。虽然法律上明确了民办教育是社会主义教育事业的组成部分，但民办高校并没有真正从社会非公共资金、资产中筹集到足额经费和资产。①"这种问题的出现一部分原因就是由民办高校内部治理紊乱所致。

随着民办高校中相继曝光了类似西安联合学院、华西大学等的严重问题，引发了社会对民办教育的极大关注，尤其是对没有政府财政支持的民办高校来说，招生办学愈发艰难。民办高校表现出来的资金短缺等内部治理缺陷问题引起了政府主管部门的关注。2006年国务院办公厅印发《关于加强民办高校规范管理引导民办高等教育健康发展的通知》，指出要提高

---

① 《陕西多所民办高校陷集资陷阱 涉案金额或达百亿》：http://news.sohu.com/20160109/n434002643.shtml.

加强民办高校规范管理的重要性认识，依法规范民办高校办学行为和内部管理，同时依法落实对民办高校的扶持政策，并且要加强对民办高校规范管理工作的领导。文件中提到"近一段时间来，有些地方的民办高校相继发生因学籍、学历、收费等问题而导致的学生群体性事件，经过地方党委、政府和高校的努力，这些事件已经平息，正常的教学秩序已经恢复。这些事件的发生，既是民办高校发展进程中出现的问题，也是民办高校深层次矛盾长期积累的后果，集中反映了一些民办高校办学指导思想不端正、内部管理体制不健全、法人财产权不落实、办学行为不规范，也反映了一些地方政府对民办高校疏于管理、监管不到位。这些问题如不引起高度重视并及时解决，势必影响民办高等教育的健康发展和社会稳定"[1]。该文件的出台体现了政府主管部门强化对民办学校内部治理的规范性要求。

在迅速发展阶段，由于民办高校的发展数量日益增多，但生源却有限的情形下，民办高校之间的竞争日益激烈。民办学校内部治理中存在的问题逐步暴露，一批办学方向不明确、内部治理不规范的学校被淘汰。2007年的一项调查显示，二十世纪八十年代末九十年代初，北京市成立的十五所民办学校只剩下三所，四川成都四十多所民办学校只剩一所[2]。在优胜劣汰的竞争中生存下来的民办高校按照相关法规政策的引导和要求，逐步加强内部治理机制建设，规范办学，逐步构建以经济社会发展需求为办学目标、依法办学、科学管理，深化自主发展的长效机制。

三、从粗放式管理到精细化治理

民办高校在办学初期，办学层次较低、办学条件弱、办学规模小，学校的组织管理形态、管理模式等带有一定的非科学化自主化，基本采取的

---

① 《关于加强民办高校规范管理引导民办高等教育健康发展的通知》，国办发〔2006〕101 号。

② 周海涛等著《中国教育改革开放 40 年：民办教育卷》，123 页，北京：北京师范大学出版集团，2019。

是家族化或亲友化明显特征的民营企业管理模式。"夫妻店""父子兵""兄弟连""朋友帮"往往能够形成非常有效的工作团队，这样既能提高效率、节省成本，又便于统一思想、保证内部团结一致，容易控制办学风险①。二十世纪九十年代初，民办高等教育快速发展期间，民办高校将发展的重心基本放在规模扩张上。此时，因基本建设差和教学配备不足的问题成为学校领导首要处理的问题，学校内部治理建设无暇顾及，固有的家族化、企业化等管理方式总体上是粗放式的。

在规范发展时期，规模发展黄金期逐步消逝，内涵式发展成为民办高校成长的必经之路，学校建设重点转向内部治理。民办高校加强对学校组织机构的建立与制度的健全，加强董事会、党委会、监事会等决策机构的建设。建立理（董）事会决策、校务会、党委会、校长办公会等决策制度，加强完善人事制度、教学管理制度、财务制度、后勤管理与服务制度等，逐步建立教代会制度、团代会制度以及学代会制度等民主管理制度。与此同时，民办高校利用其办学体制机制灵活的优势，开始向管理精细化的道路发展。如浙江越秀外国语学院积极探索与实行"理事会领导、校长负责、专家治学、民主管理、党组织发挥政治核心作用"的内部治理机制，努力健全学校管理制度，梳理并优化了260余项涉及教学、科研、学生管理、财务、后勤等方面的管理制度，推动"目标管理、标准化管理，绩效考核"的"二标一考"管理创新。又如，西安欧亚学院在全校推进组织结构变革与重组，推进职能部门从监督控制转向服务支持的角色转变，以美国波多里奇质量保障体系为标准建立绩效管理指标体系，在高校绩效管理中全面推进卓越绩效模式（performance excellence model），开展以全面推进授权为核心的二级学院管理机制变革②。

---

① 徐绪卿：《我国民办学校内部管理体制改革和创新研究》，41页，北京：中国社会科学出版社，2012。

② 潘东燕：《再造欧亚：西安欧亚学院十年转型变革记》，《民办教育新观察》，2016（10）：62-68.

四、从管理到治理

2013 年 11 月，党的十八届三中全会通过《中共中央关于全面深化改革若干重大问题的决定》，在文件中首次提出"推进国家治理体系和治理能力现代化"，将治理体系理念上升到国家高度。民办高校作为社会组织的组成元素之一，是国家治理体系的内容组成部分。完善民办高校治理体系，推进民办高校治理能力现代化，既是推进国家治理体系现代化的根本要求，也是深化教育改革，推动教育现代化进程的迫切需要。

随着教育综合改革和教育内部治理结构改革的推进，民办高校的内部管理模式也逐渐发生转变，开始由以管理转向治理的路径发展。管理是对民办高校在教学、科研、后勤服务、社会服务、文化传承等方面的具体做法的实施，而治理主要是对以上内容的规划、执行、效果的设计和落实。治理是管理的开始，管理是治理的深化，两者互为补充缺一不可。从时间线来看，民办高校管理产生的时间早于治理，治理是民办高校发展到一定阶段的产物。民办高校由管理转向治理是在国家出台《社会力量办学条例》，对民办教育予以政策重视、扶持与鼓励的背景下开始的，并在近年来逐步成为发展的主流。从制度边界来看，民办高校治理的基本前提是学校利益主体的多元化以及所有权与管理权的分离。从规模边界来看，当民办学校规模较小时，管理职能占主导地位，但随着学校规模的逐步扩大，治理职能越来越重要①。在作为基层组织的民办高校中，治理与管理更需要协同推进。具体来说，治理作为教育机构未来改革的方向，强调的是"自主办学、平等沟通、协商共治、程序合法"等理念的引入与践行，并将所有关涉学校发展的利益相关主体纳入治理结构，真正地实现以协调沟

---

① 李福华：《大学治理与大学管理：概念辨析与边界确定》，《北京师范大学学报（社会科学版）》，2008（4）：19-25.

通、横向参与保障的各主体之间动态平衡的结构①。

治理体系提供了民办高校运行的框架结构和制度基础，而管理是在该框架与基础下的具体执行并获得执行效果，同时管理结果对治理体系产生反馈，对其起到调节作用。只有两者相互补充，密切合作，才能促进民办高校可持续发展。

第四节　民办高校内部治理存在的问题

面对新时代教育改革发展的要求，民办高校内部存在的问题也日益显著，民办高校内部治理体系处于不断完善和优化之中是其正常的发展进程。

一、决策层组建及运行的随意化

民办高校董（理）事会是学校的决策层，对民办高校发展起到导航作用。我国的法律法规对高校董（理）事会职责范围、成员组成等的相关规定比较笼统，也为高校决策层的组织架构留有自由发挥的空间，使得部分民办高校在董（理）事会治理方式、职责范围等方面的理解出现偏差，产生行为误差。首先，《民办教育促进法》对董（理）事会成员的组成和人数虽有明确规定，但是在实际操作中往往没有严格落实。比如，对师生代表及外界人士进入董事会不是要求完全落实；其次，创办者和董（理）事会以及校长的权力边界不清晰，出现权力交叉和权力越位现象，引发董（理）事长和校长在工作中产生误会，引发矛盾冲突；最后，以董（理）事会为权力核心的决策运行机制不规范，会出现制度执行的随意性或选择

---

① 李永亮．高等学校内部治理结构优化研究［M］．北京：经济管理出版社，2017：89.

性。比如，在一些民办高校中，创办者既是学校的董事长又是校长，身份重叠，意味着同时兼有董事长的决策权和校长的执行权；有一些民办高校尽管设有董（理）事会，但在实际执行中是"家族式""亲情化"的管理模式，导致决策层形同虚设，不能起到真正作用。

实践证明，当前民办高校的法人治理不能仅有组织结构，要促进民办高校可持续、高质量发展，还需要严格、规范的决策运作程序和规则保障治理机制协调运行。

二、党的领导弱化

不同于公办高校实行党委领导下的校长负责制，民办高校实行的是董事会领导下的校长负责制。因此，可以明确公办高校内部治理是以党委为核心，民办高校是以董事会为核心。这种权力结构下容易形成民办高校党委地位的缺失或者弱化，党委的作用受到限制、职能弱化，党建工作滞后等问题。因此，如何强化党的领导，发挥好党委在学校发展中的政治核心和监督保障作用，成为民办学校党建工作的重要课题。

目前在民办高校内部治理中，党的建设工作面临不少新情况和新挑战。民办高校内部治理需要进一步增强党组织在学校治理体系中的政治核心地位，以建立具体化和可操作的制度，保障党委书记参与高校重大问题决策的有效性，在治理过程中坚守本分，不缺位、不错位、不越位。加强党委的领导，注重基层党组织建设。尤其在民办高校的基层党组织中以兼职的形式担任书记者居多，他们往往身兼多职，这就导致基层党组织书记抓党建精力不足、管党务时间不够。基层党务干部工作能力不强，形成"党建工作会上说、落实起来看安排"的现象。要进一步加强基层党务干部队伍的政治认识，强化其能力建设；要进一步增强基层党组织的渗透力，扩展党组织在民办高校的职责范围。还要重视干部能力培养、经费保障等制约因素，解决民办高校基层党组织覆盖率低、管理不顺畅、组织生活少、党建效用弱、组织监督作用发挥不到位等问题。

三、学术权力异化

从概念和组织行为的视角分析，我国的高校一直被归为事业单位，其内部管理以行政管理体制为基准，校内管理隶属关系清晰。高校组织体系即以高校党委书记和校长为塔尖，管理干部队伍为塔身，师生队伍为塔基的金字塔式的组织结构。在以行政权力为管理体制的环境下，民办高校的创办者为学校实际管理者，民办高校中学术权力相对分散薄弱，行政权力参与并干预学术事务的现象较多，导致行政和学术两种权力冲突。尽管民办高校在其内部设立了教学工作指导委员会、学术委员会等学术机构，但在高校内部治理中发挥的作用并不明显，仅仅发挥了咨询机构的作用。而校内学术事务却由行政权力决定，导致教学研究人员和行政管理人员的冲突和对立，专家治校和教授治学的理念不能充分体现。

四、监督机制虚化

根据《民办教育促进法》的要求，民办高校要设有监事会。但是在实践中，有民办高校尚未成立监事会，有的民办高校即使成立了监事会，但是其职责并不清晰。民办高校监事会的工作人员往往来自创办者的"身边人"，不能起到监督与管理的实际效用。

与其相似的是，师生的监督权力更是薄弱。教师以教学研究工作为主，作为学校的受聘者，被学校的评价考核制度约束，对学校内部治理的参与度较弱。学生对民办高校的治理监督主要表现为以感情或者情绪为出发点的通过非理性的方式进行，而不是通过理性地分析判断为基础进行。例如，学生对民办高校的内部管理主要是以学生代表大会为主要参与方式，但是在代表收集学生的意见时，学生往往从自我的情绪或者感情出发给学校提出意见或建议，而不是以教学或者管理的现实表现为基础进行分析后提出意见或者建议。同时，对学生而言，教学管理以外的工作，比如，科研管理、财务运作等民办高校的内部运转情况他们基本不参与。这种不参与的状态更多源于信息不充分或不对称。

总体来看，学校教师和学生的监督是有局限的，即使学校会召开学生代表大会或者教师代表大会，但实际作用有限。

五、利益相关者参与度低

民办高校的利益相关者主要是以师生和学生家长为主体，通过教学活动与高校产生联系的相关群体。依据利益相关者和高校联系的紧密程度，将其划分为四层：师生和管理人员是第一层的核心利益相关者；财政管理者、教学管理等部门和校友是第二层的重要利益相关者；课题研究经费提供者、校企与校地合作者等第三层是间接利益相关者；最后一层是学校的边缘利益相关者，主要是毕业生的就业单位或师生的社会服务对象等。

现阶段，民办高校教师人事关系以合同制或者代理制为主要形式，容易让教师们形成自己只是"打工者"的思想，不能正确认识自身价值与学校事务的关系，参与度不高。另外，部分民办学校办学时间短，学校事务缺乏有影响力和号召力的校友参与。加之社会上对民办高校还存在认识上的偏差，学校相关工作人员更不会产生积极参与民办高校治理的想法或者行动。

第七章　民办高校内部治理优化路径的选择

2017 年《关于深化教育体制机制改革的意见》提出要全面深化教育领域的综合改革，不断提升教育治理能力。优化民办高校内部治理体系，着力构建办学自主、科学决策的内部治理体系是深化民办高校体制机制改革的发展趋向，更是优化未来治理的路径选择。

第一节　民办高校内部治理的价值理念

价值认同是优化民办高校内部治理的逻辑起点。民办高校内部结构的优化，需基于一定的行事规则和价值标准，规定什么类型的行动者被允许存在，什么结构特征是合理的，应该遵循什么程序及与上述行动相关联的意见等规则①。

一、民办高校内部治理的核心价值取向

民办高校内部治理的核心价值取向之一是市场导向。作为一种经济组织，民办高校需要适应市场需求，提供符合社会发展需要的教育和人才培养服务。通过市场导向的治理方式，民办高校可以更好地了解社会对教育的需求和期望，及时调整自身的办学方向和课程设置，提高教育质量和社会认可度。

---

① 张永宏. 组织社会学的新制度主义学派 ［M］. 上海：上海人民出版社，2007：104.

民办高校作为教育机构，承担着培养专业人才、推动社会进步的重要使命，必须承担起履行社会责任的义务。作为一种经济组织，民办高校需要紧密关注市场需求，提供符合社会发展需要的教育和人才培养服务。采用市场导向的治理方式可以让民办高校达到社会对教育的要求和期望，及时调整专业办学方向和课程设置。市场导向能够帮助民办高校对教育市场进行全面、深入的分析和了解，把握市场需求的动态变化。通过与社会各界的对话和交流，民办高校可以准确地把握社会对教育的需求和期望，以便及时调整教育目标和专业设置，提供符合市场需求的教育和人才培养服务。同时，市场导向也使得民办高校能够更好地了解竞争对手的优势和劣势，从而进行相应调整和优化，提高自身的竞争力和市场地位。市场导向的治理方式还能够促使民办高校注重培养学生的实际能力和应用能力，使他们能够适应不断变化的市场环境和需求。在市场导向的推动下，民办高校会推行创新创业教育和实践教学，鼓励学生参与社会实践和实习，培养学生的创新精神和实践能力，以适应市场对人才的要求。市场导向的治理方式还能够促使民办高校注重与社会和企业的紧密合作。通过与企业进行产学研合作、与行业协会开展交流合作等方式，民办高校能够提供贴近实际需求、与市场紧密结合的教育和人才培养服务。与此同时，民办高校也能够通过与企业的深度合作，为学生提供更好的就业机会和职业发展平台，提高学生的就业竞争力和职业发展能力。

在内部治理中，民办高校应当注重培养学生的社会责任感和公民意识，强调学生全面素质的培养，使他们能够为社会做出贡献，并且积极参与社会公益活动。在社会快速变化和知识经济竞争日趋激烈的背景下，民办高校必须注重创新，不断提升办学水平和能力。民办高校应当鼓励教师和学生进行创新研究，支持创新创业教育，培养学生的创新思维和实践能力，通过创新教研来促进民办高校的可持续发展。民办高校作为教育机构，需要与各方合作，共同推动办学事业的发展。民办高校应当与各级政府、企事业单位、其他高校等建立良好的合作关系，共同解决教育发展中的问题和挑战，实现资源共享和优势互补，实现合作共赢的局面。

民办高校治理的核心价值取向应当包括市场导向、社会责任、创新发展和合作共赢。只有坚持这些核心价值取向办学，民办高校才能够更好地适应社会需求，提供优质的教育服务，培养具有社会责任感和创新能力的高素质人才，为社会进步和发展做出贡献。

二、教育内外部关系规律

（一）教育内外部关系规律的提出及其内涵

1980 年，潘懋元教授提出教育内外部关系规律说，该理论在教育规律研究和总结方面具有三大特点。首先，他准确把握了教育规律研究的现实背景和需求，特别注重从教育与社会的政治、经济、文化等方面的关系中研究和概括教育规律。其次，潘懋元教授从教育的两大基本功能入手，即从促进人的发展和促进社会发展这两方面，分析教育的内部关系和外部关系，突破了教育学界通行的做法。最后，他以高等教育为切入点来研究和揭示教育规律，认为高等教育与社会的关系更为密切，影响更直接，同时高等教育也对社会的发展有更大的作用。这种从高等教育角度切入的研究方法使他能够全面认识现代教育，尤其是认识现代高等教育的社会作用。总之，潘懋元教授提出的教育内外部关系规律研究为教育学界带来了新的思考角度和方法，对教育规律的研究产生了重要的学术影响。

（二）对教育内外部关系规律的理解和认识

1. 教育内外部关系规律

教育内外部关系规律是指教育与社会、环境、政治、经济等各种外部因素之间的相互关系和作用规律。教育活动必然存在于特定的社会环境中，受到社会和环境的制约和影响。教育内外部关系规律研究的目的是深入理解教育的本质，以提高教育的质量和效果。教育内外部关系规律可以从宏观层面和微观层面进行研究。在宏观层面，教育的发展与社会的发展密切相关，教育制度、教育政策、教育资源等都会受到社会、政治、经济等因素的制约和影响。例如，在一个高度竞争的社会中，教育将更加注重人才培养和职业发展，而在一个重视公平和平等的社会中，教育将更加注重平等教育和社会公正。在微观层面，教育的内部关系规律主要是指教育活动的本质和教学规律，即教师与学生之间的教学关系、学生与学生之间的互动关系、教师的教学方法和策略等。教育的内部关系规律在很大程度上决定了教育的效果和质量。

教育内外部关系规律的研究对于教育的改革和发展具有重要意义。通过深入研究教育的内外部关系，可以更好地把握教育的本质，为教育的改革和发展提供科学依据和指导。只有在教育的内外部关系规律的基础上进行教学探索创新，我们才能更好地实现教育的目标，促进学生的全面发展和个性成长。

2. 教育规律不同于教育理想

在研究和审视教育规律的过程中，人们往往受到教育理想或者理想的教育模式的影响。有一种观点认为，教育不仅应该适应现实社会的需要，还应该超越现实社会的需要。这种观点的支持者认为，教育的本质是对现实社会进行改造。然而，这引发了两个问题：一是教育规律的性质问题，二是教育规律与教育理想的关系问题。自然规律是自然界的演进规律，具有绝对客观性；科学规律作为对自然规律的揭示和呈现，具有相对客观性。而教育规律则不同，因为它是人的教育活动的规律，既要符合科学性也要符合目的性。教育规律包括科学客观性内容和对经验教训的总结等反思性内容。这种反思性内容对于人的教育活动具有特别重要的价值。因此，教育规律并不是完全客观的规律，人们更多时候是通过实践中的"试错实验"来认识和掌握教育规律。教育具有实然和应然两重性，源于人的实然和应然两重性。教育的实然性是指教育的现实状态，而教育的应然性则是对教育功能和作用的理想期待，即教育理想。教育活动既受现实需求的影响，也受理想期待的引导。虽然实际教育活动与教育理想是相互渗透的，但它们是不同的。

社会学中的某些理论甚至指出教育存在负向功能，即教育不仅不能促进人的发展，反而成为压迫人的工具。这种对教育负面功能的阐释反映了现实教育的实然状态和功能，也暴露了教育理想与现实教育之间的冲突。因此，教育规律需要与教育理想相结合并以教育规律为指导，按照教育规律进行实践，才能实现教育理想。在研究和审视教育规律时，我们必须认识教育规律与自然规律和科学规律的不同，教育规律是人的教育活动的规律；同时，我们也必须认识到教育规律与教育理想的关系，教育规律需要与教育理想相结合，以实现人的教育发展和社会发展的目标。

3. 通过教育规律看"教育适应论"

"教育适应论"认为教育必须适应不同层面和因素的要求，包括政治、经济、文化等方面的需求，以及时代进步和社会发展的需要。这种适应是有条件和有选择的，教育需要在服务社会、推动时代进步的过程中做出相应的改变。同时，潘懋元教授提出了"肯定性服务"、"批判性服务"和"导向性服务"三种典型的服务方式，强调教育的多元性和引导作用。他还强调了"主动适应论"和"多维适应论"，认为教育需要充分发挥自身的价值判断和选择作用，以及适应社会多方面的需求。从规律的角度来看，适应是遵循规律、按照规律去做的一种行为。

适应是生物界和人类社会的普遍现象，是主体与环境形成的生态平衡状态。适应能够促进生存和进化，是一种生物进化规律。人类对环境的改造行为也是符合适应论原理的行为。"适应"是一种消极行为，只有"改造"和"超越"才是积极的行为，是对规律不尊重的观点。人类的超越和改造行为都是基于适应的基础上展开的，超越是在适应的基础上进行的，改造是为了建立更高级的适应关系。从教育的角度来看，"教育适应论"本身就是教育规律的一种表现，描述教育发展和活动的规律性现象。与之相对，"教育超越论"更多地表达了教育的理想境界，并不适合用来描述教育的规律。因此，在批判"教育适应论"的同时提出"教育超越论"并不是恰当的①。

二、民办高校办学理念的构建

一所大学的办学理念是该大学的信仰和价值追求，是大学精神的核心价值取向与基本价值观，也是引导大学前进发展的动力源泉。办学理念具有多元性、开放性和平等性等特征，它不仅影响着大学的发展方向和远景目标，还决定着该大学的办学结果。

对于民办高校来说，有一个清晰、准确的办学理念尤为重要。这是因为民办高校作为非营利性教育机构，在与公立高校竞争和发展中，应当更注重社会效益和公益性而不是只关注经济效益，达到一举多得的良好效果显得尤为重要。与公立高校相比，民办高校通常具有更强的灵活性和创新性，可以更快地适应社会变革和教育需求。在构建办学理念时，民办高校应该突出自身的特色，注重培养学生的创新精神和实践能力，这样的办学理念有助于提升该校在教育市场中的竞争力，并为大学生的就业和未来发展提供更多的机会和选择。一所学校的办学理念应明确表达该校对学生培养的目标和期望，并将其融入教学、课程设置和学生活动中；应该注重培养学生的综合素质和实用技能，培养学生的创新思维和团队合作能力。这样的办学理念将确保学生在毕业后具备一定的就业竞争力和社会责任感。大学是社会进步和发展的重要力量，应始终以服务社会为己任。办学理念可以包括推动社会公平和社会正义的理念，关注社会的问题和需求，并积极主动地投身社会实践和社会服务活动中。这样的办学理念将提升该校在社会中的声誉和社会影响力，并为社会做出积极的贡献。

---

① 张应强. 教育内外部关系规律及其在高等教育研究中的运用 [J]. 复旦教育论坛, 2020, 18 (5): 5-11.

民办高校在构建办学理念时，还应关注人才培养目标和大学的社会服务功能，只有根据实际情况构建起清晰而具有针对性的办学理念，民办高校才能在竞争激烈的教育市场中脱颖而出，追逐自己的发展目标。

（一）办学定位和职能

我国高校可分为学术型大学、应用型本科院校和职业技术高校。民办高校应依据自身的人才培养目标确定办学定位。目前，结合我国民办高校的实际情况，尤其是结合民办高校的转型发展，民办高校应定位为单科性教学型大学或学院，以本科教学为主导，以服务区域经济和社会发展为目标（拥有研究生招生资格的民办高校也应包含在内）。随着办学经验的累积和条件的改善，民办高校可逐渐发展为研究型大学或教学科研型大学。由此可见办学定位并不是一成不变的。

（二）人才培养目标

民办高校的教育对象具有独特的特点，其人才培养目标与一般的本科和专科学校有所不同。与普通高校的本科生相比，民办高校学生的入学成绩低于普通公办大学的录取成绩和录取位次，而且农村学生的占比高于城市学生，但是这一类学生拥有较好的动手能力和环境适应能力。民办高校在人才培养过程中应注重对学生的动手能力和应用技术能力的培养。

（三）民办高校的服务面向

从地方发展的角度来看，民办高校的服务目标是为当地经济发展提供更多的服务人才，并满足当地居民接受高等教育的需求。在确定办学定位和人才培养方向时，民办高校需要考虑本地区的经济和社会发展状况，以及当地人才的需求情况。总的来说，民办高校的定位主要是为地方经济建设服务[①]。

---

① 刘芳. 论民办高校的核心价值取向及办学理念 [J]. 西部素质教育, 2016, 2 (19)：33, 41.

三、民办高校内部治理的综合价值理念

（一）依法治理的价值理念

依法治国是我国的基本治国方略，也是指导各行各业规范开展工作的原则。推进依法治教、依法治校是教育领域依法治国的体现。民办高校要坚持社会主义办学的基本方向，贯彻国家教育方针，恪守教育的公益性原则，把完善学校章程、落实民办学校法人财产权、建立健全学校内部治理结构作为重点，牢固树立学校依法办事的理念，建立公正、合理、系统、全面的治理制度，全面推进民办高校依法治理，构建依法管理、自主办学、多方参与的治理格局。

1. 依法治理意味着民办高校将法律作为最高治理准则

依法治理能够确保高校行政决策的合理性和科学性。法律规定了高校管理的程序和标准，使得高校决策更加明确、透明，避免了个别人或群体的任意行为，有利于高校制定出符合实际情况和发展需求的政策和措施，从而推动高校事业的可持续发展。这种价值理念尊重法律的权威性和约束力，确保高校行为的合法性和公正性，维护社会公平与正义。在法律框架下，民办高校管理更加明确、规范，有效提升治理效能。

2. 依法治理有助于建立健全内部监督机制和外部监管体系

在法律体系下，民办高校需要建立起完善的内部管理机制，加强对各项事务的监督和审计。同时，外部监管机构也能通过法律手段对高校进行监督，确保高校的管理行为合法合规，提升整体治理水平。此外，依法治理还能促进民办高校与社会的良好互动。民办高校作为社会组织，在法治环境中履行社会责任，积极参与社会公益事业和服务，营造积极向上的校园氛围。同时，民办高校也可以通过法律手段保护自身的合法权益，维护学生权益，实现独立办学。

3. 通过依法治理增强高校的国际竞争力和声誉

在全球化背景下，遵守国际法律和规范成为高校发展的基本方向。民办高校以依法治理为基础，能够更好地适应国际教育标准和规则，提升国际影响力，吸引更多优秀教师和学生的加入。

民办高校依法治理的价值理念不仅体现法治原则与高校管理的结合，保障高校权益，提升治理效能和社会信任度，还有助于推动高校决策的科学性，建立监督机制，促进学校和社会互动和提升国际竞争力。这对于民办高校的健康发展及其在整个教育体系中的角色起到至关重要的作用。

(二) 教育规律的价值理念

教育的本质就是助力学生成长，推动人的向上发展，培养高素质的公民。民办高校虽然在办学的资金来源、内部治理等方面与公办学校不同，但是遵循教育的规律办学是他们共同的价值选择；严格按照教育规律办学，注重不同学科、不同专业之间的差异性，选择合适的教育教学方法和管理方式；坚持创新驱动，推动学校的可持续发展。

诸多高校理念的不断形成、确立、碰撞和互补，导致了现代高校教育制度、政策和模式的重大转变。21世纪是以知识为轴心快速发展的时代，现代高校要根据时代的发展确立新的价值取向，不断完善和发展高校理念。

1. 高等教育价值观是高校理念的"内核"

高等教育价值观体现了高校对教育的追求和目标，指导着高校的办学方向和教育实践。高等教育价值观不仅要求高校对培养具有一定专业素养和知识技能的人才的追求，更重要的是体现了高校对于学生全面成长和社会责任的关注。

高校不仅要传授学科知识，更要注重培养学生的思辨能力、创新能力、人文素养等全面素质。高等教育强调培养学生批判性思维和创新思维，促使学生主动获取、分析和应用知识，培养学生解决问题和适应变化的能力。高等教育也通过人文素养教育，培养学生的社会责任感和公民意识，使他们能够为社会的和谐发展做出贡献。高等教育具有为社会培养人才的使命，应当积极回应社会对高等教育的需求，并致力于培养具有社会责任感和创新能力的人才。高等教育应当关注社会的发展需求，调整办学方向和专业设置，培养适应社会需求的高素质人才。此外，高等教育也应当积极参与社会问题的解决，为社会发展提供智力支持、技术支持和社会服务。高等教育的价值观还应当体现在学术自主性上，高等教育要保护学术研究和教学创新，提供一个开放、包容的学术环境，推动科学知识的创新和进步。

高校应当尊重学生的个性差异和多样性，提供多样化的教学和培养方式，满足学生的个体发展需求。高校应当关注学生的身心健康和心理素质，为学生提供心理咨询和支持服务，帮助他们解决个人成长中的问题和困扰。高校还应当提供良好的学习和生活环境，为学生创造发展的机会和平台，培养学生的自主学习和自我发展能力，帮助他们实现个人价值和人生目标。

在高等教育价值观中，国际化的追求也是重要的价值取向。高等教育面临着全球化和国际化的挑战和机遇。高校应当培养具有国际视野和跨文化交流能力的人才，积极推动国际学术交流和合作，吸引国际化的师资和学生资源，提升高校的国际竞争力和声誉。同时，高等教育也要培养学生的国际视野和跨文化交流能力，使他们能够适应全球化的就业环境和社会需求。高等教育价值观是高校理念的"内核"，它体现了高校对教育的追求和目标，指导着高校的办学方向和教育实践。高等教育价值观强调人的全面成长、关注社会责任、关注学生个体发展和国际化的追求。只有坚持这些价值观，高校才能够更好地履行自己的使命，为社会培养出具有真才实干和社会责任感的高素质人才，推动社会的进步和发展。

2. 经典高校理念及其价值取向考察

经典高校理念是指高等学校在办学过程中所坚持的一种指导思想、理念和价值取向。这种理念和价值取向不仅是学校办学的宗旨和目标，也是学校发展的方向和动力。经典高校理念及其价值取向在现代高等教育中具有重要的意义和影响力。以下是对经典高校理念及其价值取向进行的深入分析。经典高校理念包括人文精神、卓越教育、追求真理等。

人文精神是指高校注重培养学生的人文素养和道德修养，倡导人与人之间的和谐关系。这种理念强调人的发展和全面成长，重视个人的精神追求和社会责任感。

卓越教育是指高校追求教育水平和教学质量的卓越，致力于培养德智体美全面发展的优秀人才。

追求真理是指高校致力于知识的探索和真理的追寻，鼓励学术创新和科研突破。人文精神能够提升学生的人文素养和道德修养，增强他们的社会责任感和公民意识。

在现代社会，人文精神对于形成健康的人际关系、促进社会和谐具有重要作用。同时，卓越教育能够培养高水平的人才，为社会的发展和进步提供有力的支撑。民办高校应该致力于提高教育水平和教学质量，培养创新能力和实践能力强的人才。此外，只有保证高校教育质量和学术发展，教师和学生才能开展深入的研究和学术探索。追求真理是高校的基本追求和使命，只有不断追求真理，才能推动学术的发展和社会的进步。经典高校理念及其价值取向在现代高等教育中也面临着一些挑战和困境。

首先，现代社会中普遍存在功利主义倾向，经典高校理念的价值取向受到了一定的冲击。一些高校过度追求科研成果和经济效益，忽视了人文精神的重要性。其次，民办高校的发展面临着资源不足和竞争压力大的问题，这对经典高校理念的贯彻和落实带来了一定的困难。再次，经典高校理念的传承和创新也是一个亟待解决的问题。随着社会的快速发展和思想观念的多元化，高校理念需要不断更新和调整，以适应时代的需求和发展。经典高校理念及其价值取向对于现代高等教育的发展具有重要的意义和影响力。高校通过秉持人文精神、追求卓越教育、追求真理，能够培养出德智体美全面发展的人才，提升教育质量和教学水平，推动学术的进步和社会的发展。然而，经典高校理念的贯彻落实仍然面临一些挑战和困境，需要高校及相关各方共同努力，加强理念传承和创新，推动高等教育不断迈向新的高度。

3. 现代高校理念与高校发展

现代高校理念是指在当代社会背景下，高等学校办学所秉持的一种现代的指导思想和理念，以及对高校发展的价值取向和方向。现代高校理念与高校发展息息相关，它不仅是高校的办学原则和目标，也直接影响着高校的教育质量和学生的培养效果。本节将探讨现代高校理念与高校发展的关系。

对于高等学校来说，人才是其最重要的产品和财富。现代高校理念强调培养学生的综合素质，注重学生的创新能力、实践能力和跨文化交际能力，以适应快速变化的社会需求。与此同时，现代高校理念也强调注重学生的个人发展和人文关怀，关注学生的身心健康和全面成长。现代社会发展迅速，知识更新速度快，传统的教学模式已经不能满足人才培养的需求。

现代高校理念强调教师的教育理念和教学方式的创新，鼓励教师采用多种教学方法和技术手段激发学生的学习兴趣和潜能。同时，现代高校理念还强调教育的个性化和差异化，尊重每个学生的发展特点和需求，为学生提供多元化的学习资源和机会。高等学校不仅是知识的传播者和人才的培养者，也是科学研究和社会服务的重要力量。现代高校理念鼓励教师积极从事学术研究和科学创新，推动学术进步和学科发展。同时，现代高校理念也强调高校的社会责任和社会服务功能，鼓励高校与社会各界合作，为社会发展和进步做出贡献。现代高校理念与高校发展密不可分，它直接影响着高校的办学方针和教育实践。现代高校理念的贯彻与落实可以帮助高校克服发展中面临的困难和挑战，并有效提升高校的竞争力和影响力。然而，现代高校理念与民办高校发展之间也存在一些问题和挑战。

首先，民办高校在贯彻现代高校理念的过程中可能会遇到一些制度约束和管理困境，需要改革和创新现有的制度和机制。其次，民办高校在实施现代高校理念时需要投入大量资金和人力资源，需要有足够的经费保障和人才支持。再次，民办高校在践行现代高校理念的过程中需要与社会各界合作，建立起良好的外部合作平台和合作机制。现代高校理念与民办高校发展密切相关，它决定着民办高校的办学方向和目标，影响着学校的教育质量和学生的培养效果。现代高校理念强调人才培养和全面发展，重视教学改革和教育创新，致力于学术研究和社会服务。然而，实施现代高校理念也面临一些问题和挑战，需要高校及相关各方共同努力，加强理念的推进和落实，推动高校发展更好地适应社会的需求和变化。

（三）以学生为中心的价值理念

大学生是高校发展的主体，坚持以学生为中心的价值观，就是在办学治校的过程中以服务广大学生的发展成才作为学校治理的出发点和落脚点。坚持以学生为中心的治理理念，以关心学生、尊重学生、激励学生不断成长为根本思想来管理学校，把学生作为内部治理的核心要素和最重要的资源。在高校的教学和科研治理中以教师为主导，突出教师的核心地位；在教学中坚持学生为主体，以学生的成长成才为核心，为学生创造良好的学习环境。

1. "以学生为中心"教育理念的历史审视与价值定向

在全球化和教育国际化的背景下，"以学生为中心"的教育理念在世界范围内影响深远。重新甄定"以学生为中心"的教育价值方向，对当下教育的发展具有重要意义。

（1）"以学生为中心"的历史审视

教育学在从哲学中分离出来后获得了合法的学科地位。从十七世纪初捷克教育家夸美纽斯提出班级授课制开始，"以教师为中心"的教育理念开始萌芽。到赫尔巴特建立在心理学基础上的教育学学科建制，传统教育学的"三中心"教育理念固定下来，即以教师为中心的课堂组织形式、以教师主导的传授方式、以教材为内容的知识传承。从传授科学知识的角度看，"以教师为中心"具有一定的优点。

然而，在十九世纪末二十世纪初，欧洲的进步主义教育运动对僵化的传统"三中心"教育理念进行了激烈地抨击。在美国，实用主义哲学家杜威提出了"以学生为中心"的教育思想，反对"以教师为中心"，主张"教育即生长""教育即经验的不断改造""从做中学"，掀起了崭新的教育浪潮。美国在1958年的《国防教育法》中强调了系统科学知识的传授，对实用主义进行了反思和批判，要求提高自然科学科目的考察标准，并系统编写教科书，这在一定程度上是"以教师为中心"的回归。

在二十世纪六七十年代，随着工业化的发展，各国面临着教育公平、教育经费不足、女权主义运动、反对种族歧视运动等问题，学生数量不断增加，对"以学生为中心"的教育理念提出了新的要求，敦促建立更有活力的中小学教育体系。然而，二十世纪七十年代的经济衰退使人们开始反思基础教育中学生纪律涣散、学校秩序不稳定、教育质量下降等问题。1983年，美国发布了《国家在危机中：教育改革势在必行》的报告，美国教育又开始倾向于"以教师为中心"。到了二十世纪末，针对经济全球化和教育国际化的趋势，欧美各国教育再次将焦点转向"以学生为中心"的教育理念。

（2）高等教育"以学生为中心"的历史演变

高等教育中"以学生为中心"的理念在过去几十年中被广泛地争论。这一理念主张将学生的学习需求和个体差异置于教育过程的核心，并以此为基础来制订教学计划、教学方法和评估方式。学术界普遍认为，这一理念的出现与高等教育的发展和变革密切相关。在过去的几个世纪中，大学主要以"以教师为中心"的方式进行教育，这种教育模式强调教师的权威和传授知识的作用，使得教师在教学中占据主导地位。然而，随着社会和经济的变革，以及对高等教育质量的追求，人们开始质疑这种模式，并提出了以学生为中心的教育理念。在欧洲，尤其是法国和德国，通过分立大学和设立专门学院的方式推动了高等教育体系的多元化。这种分立大学的模式在一定程度上削弱了教师的权威地位，使得学生在教学过程中有了更多的话语权和自主性。同样，在英国和美国，专科技术学院和赠地学院的设立也为学生提供了更多的实践机会和职业发展途径。

在中国，高等教育的发展也经历了多个阶段。开始时效仿德国和日本的模式，后来又学习美国的经验。尤其是在改革开放之后，中国开始吸收国外先进的教育理念和经验，并逐渐将学生置于高等教育的核心地位。虽然高等教育机构和组织在不同的教育环境中对教师和学生地位有不同的论争，但"以学生为中心"的理念在高等教育中的争论也是不可忽视的。在研究型大学中，更强调学生的学习自主性；在教学型专门学院和社区学院中，教师对教学的掌控则更加重要；而在进修学校和远程教育中，学生对自己的学习责任更大。这一理念的兴起与高等教育发展的转变密切相关。从纯粹知识的研究到人才培养的职能转变，从学术成就到就业能力的培养，高等教育的质量观念也在不断变化和更新。同时，学习型社会对个体学习的重视也推动着学习者的自主性和责任感。因此，人们对"以学生为中心"的教育理念的关注和价值诉求也越来越多。

2. "以学生为中心"的认识偏差

"以学生为中心"的认识偏差主要体现在以下几个方面。

（1）将"以学生为中心"与"以教师为中心"截然对立

从"以教师为中心"到"以学生为中心"的历史演变，往往容易形成截然对立的两种姿态。两者之间的争论不可避免，却也是高等教育发展的重要推动力。支持"以学生为中心"的观点认为，学生是教育的主体，应对自身的学习负责。他们可以自由选择学习内容、学习方法，而教师的角色则是提供指导和帮助。在学费成为教育入学基本条件的现实情况下，学生具备了一定的选择权，可以提出对教学和管理服务的要求。他们认为，学生最了解自己的学习动机和兴趣，有权利设定学习的标准，并对自己的学习行为负责。在追求教育公平和学生主体性价值的时代，学生们也有权利反对权威主义、对教师不接受变革、缺乏自信的行为。

然而，支持"以学生为中心"的人们却错误地认为，可以忽略教师的引导作用和教学地位，认为教师的影响会削弱教育活动和教育过程。他们认为，在面对庞大的信息时，学习者如何获取适合自己的学习内容，对构建预设的培养目标是至关重要的。学习者在学习初期是没有相应能力的，需要在教师的指导下培养自主获取知识的能力。此外，"以学生为中心"也可能导致学生自我控制力的减弱、纪律的涣散、活动的无目标性、分组讨论的无意义以及形成错误的概念体系，甚至可能影响到后续复杂理论的学习。而且，如果将"以学生为中心"应用于不同年龄阶段和学科专业特点，也存在对学生学业成绩的担忧。

对于支持"以教师为中心"的人们来说，他们认为"以学生为中心"意味着对传统的教学方式的颠覆，而这对作为研究者的教师来说是一项艰巨的任务。从高校管理者的角度来看，这也意味着付出更多的管理成本，并且涉及对原有制度的重新设计和依赖于相应的资源环境。不管是"以教师为中心"还是"以学生为中心"，两者都是高等教育发展中不可或缺的力量。它们之间的争论和对立本身也促进了高等教育的不断改进和创新，关键在于寻找二者之间的平衡，要在教学活动中兼顾教师和学生的角色和权益，以实现高等教育的真正价值和目标。

（2）将"以学生为中心"理解为个人本位

在高等教育发展史上，有关两种教育目的即社会本位和个人本位的争论一直存在。社会本位强调教育的目的是培养社会发展所需的人才，注重高深专门知识的教与学。这种观点认为，教师应代表国家发展战略的需要，选择相关课程内容，培养的学生作为改造社会的工具，具有"专才"的特征。然而，这种教育模式导致培养出来的人才千篇一律，学生个性的发展受到压制。为了扭转这种社会本位下学生适应能力不强的特点，许多高校提出了"宽口径、厚基础、强能力"的应对策略。这在教学改革方面体现为对课程设置和实践教学环节的改进。然而，传统的"以教师为中心"的课堂教授模式在国内的课堂仍然占据主导地位。

与社会本位相对立的教育理念是个人本位的观点，即将"以学生为中心"理解为个人本位。这种观点认为，教育的目的是学生个体的自由发展，反对任何对受教育者的束缚。高等教育应提供广博的人文素养和科学理性的批判精神，培养学生具备审慎思考能力。为了纠正以技术化为中心的过度专业化，许多外国高等教育思潮提出了相应的策略，如通识教育、永恒教育的思潮、选修制、存在主义思潮和人本主义思潮等。然而，将"以学生为中心"理解为社会本位的人容易走向另一个极端，即过分反对专业教育，忽视学生的社会适应能力和社会责任感。这可能导致培养出来的学生放弃长远的社会责任。社会本位和个人本位是高等教育发展史上的两种争论，它们强调不同的教育目的和方法。适度地结合社会本位和个人本位的观点，可以更好地培养出具备专业知识和社会责任感的学生。

（3）将"以学生为中心"理解为教学法

从传统的教育学的角度来看，"以学生为中心"并不仅仅是一种教学法，它包括了更广泛的教育原则和教育内容。将"以学生为中心"仅仅理解为教学法会导致研究者过于关注教学方法和教学手段的选择，容易迷失方向。针对不同学科和课程采用不同的教学法也成为教师和研究者们的激烈争论。历史上就存在过这样的教训，比如，二十世纪早期的设计教学法和道尔顿制当时风靡一时，但很快又衰落。而在欧美的一些实证研究中，有通过对不同教学法的实验和学生学业成绩变化的衡量来评估学校是否真正"以学生为中心"。将"以学生为中心"误解为是教学法会导致研究者和教师过分关注课程教学范围内的内容，而忽视了学生的自主学习和长远发展。同时，也容易忽视教学法之外的学校管理、学生服务等方面的工作。"以学生为中心"涵盖了更广泛的内容，不仅包括课程体系和课程教学，还涉及教学条件、教育管理、教育文化和教学实践活动等方面。将

"以学生为中心"仅仅理解为教学法是有限的，它应被视作应用更为广泛的教育原则，涵盖了教学范围之外的学生自主学习和学生的全面发展，以及学校管理和服务等方面的工作。

3. "以学生为中心"教育理念甄定价值方向

（1）坚持"以学生为中心"的教育观

古希腊苏格拉底的教学法、孔子的因材施教思想以及现在提倡的素质教育等，实质上都是"以学生为中心"的教育理念。从教育思潮的演变来看，人们对于"以学生为中心"的教育理念已形成更为广泛的认同。这在联合国教科文组织1998年10月在巴黎召开的世界高等教育大会上发布的宣言《21世纪的高等教育：展望和行动》中得到了验证。教育学提倡的教师主导、学生主体，我国未来十年教育发展纲要中"育人为本"的教育方针，其最终目的是实现学生的共性发展和基于共性基础上的个性发展。教育心理学的建构主义、人本主义、多元智能理论，最终旨向都是学生的发展，从学生的自我建构和智能出发，才能实现学生的心智生成和转向。哲学上的"以人为本"，在不同历史时期和国别，最终走向都是人应自由而全面的充分发展。学生作为发展的无限可能的个体，在教育中可以对未知进行无止境的探求和追问，因此，教师要启明学生发展的路向，成为一个服务者而不是充当学生求知成长的权威导师。

（2）重构"以学生为中心"的教学观

在传统的教学模式中，教师通常是主导者和知识传授者，学生则被动接受和记忆知识。然而，在"以学生为中心"的教学观下，教学不再是教师的独角戏，而是注重学生的主体地位和积极参与。教师应创造合作学习的机会，可以通过小组讨论、团队项目等方式，让学生互相交流和合作，共同解决问题和完成任务。这样能够培养学生的团队合作能力、沟通能力和解决问题的能力。每个学生都有不同的学习特点和学习需求，教师应关注学生的个体差异，并根据学生的具体情况制定个性化的学习计划和教学策略。通过差异化教学，能够更好地满足学生的学习需求，激发学生的学习兴趣和潜能。在"以学生为中心"的教学观下，学生应被鼓励成为自主学习的主体。教师应提供适当的指导和资源，引导学生进行独立思考和自主探索。学生应被鼓励提出问题、分析问题，并进行批判性思考，培养其分析、推理、判断和解决问题的能力。学生的学习过程应受到重视，教师应关注学生的学习情况，并及时给予反馈和评价。反馈和评价不仅是对学习成果的评价，更是对学习过程的指导和改进。教师可以通过定期的学习活动和作业，观察学生的学习情况并及时给予反馈，帮助他们改进学习方法和提升学习效果。重构"以学生为中心"的教学观需要教师改变传统的教学方式和角色，从主导者变为指导者和引导者。教师应充分了解学生的需求和潜力，灵活运用教学策略，为学生提供适宜的学习环境和学习资源，引导学生主动参与学习、思考和践行知识的过程。通过重构"以学生为中心"的教学观，能够更好地激发学生的学习潜能，提高学习效果，培养学生的创新能力和综合素质。

"以学生为中心"的教育理念使教学不再局限于师生间的角色扮演活动，而是一个充满生命活力的生命体验过程。它不仅关注知识的传授，更注重培养学生的心灵和智慧。教学应该成为一个充满活力和创造力的过程，教师激发学生的兴趣和乐趣，并帮助他们全面发展。在"以学生为中心"的教育理念下，教师不再是简单的知识传授者，而是成为学生成长的引路人。他们要从学生的学习兴趣出发，引导学生独立学习，培养他们解决问题的能力，并为学生的学习做好充分准备。在这种教学模式下，教学不再是一个死板的过程，而是一个充满活力和创造力的生命体验。①

（四）分权制衡的价值理念

"分权制衡"是法人治理结构的基本特征和基本原则。通过建立一套既能分权又能相互制衡的制度来降低代理成本和代理风险，可防止管理者

———————————

① 朱欣.　"以学生为中心"教育理念的历史审视与价值定向 [J]. 现代教育管理，2012（4）：6-9.

对所有者利益的背离，从而达到保护所有者利益的目的。民办高校需要通过组织机构以及制度之间的制衡机制，通过健全理事会制度、监事会制度，落实校长负责制，实现民办教育组织私利性与公益性之间的平衡，构建一种各自独立、权责明确、运作高效的治理机制。

1. 提升管理效能

首先，分权制衡可以将一些日常事务和决策权限下放到各个部门或层级，减少了决策过程中的繁琐程序。这样可以提高决策的速度和效率，避免了决策集中导致的业务流程耽误和堵塞，使得管理更加灵活高效。其次，分权制衡赋予了不同层级和部门更多的自主权和责任，并给予他们针对问题采取相应措施的权力。这样可以使各部门能够更迅速地响应和处理问题，快速解决难题，提高应对问题的能力。通过分权制衡，教师获得更多的决策权和管理职责，他们可以参与学校的决策过程，对工作进行更多的自主安排。这样可以激发教师的积极性和创造力，增强他们对工作的投入感和归属感，进而提高管理效能。最后，分权制衡可以将决策权下放到各个部门，使得不同团队能够独立运作。这样可以促进团队之间的合作与协调，各部门在自主决策的基础上互相协商、协作，形成整体合力，提高管理效能。

2. 提高应对问题的能力

在民办高校中，采取分权制衡的管理机制可以有效提高学校应对问题的能力。这种管理方式将决策权限下放到各个层级或部门，使得学校能够更加灵活地应对各种挑战和问题。首先，分权制衡有助于实现快速决策和行动。由于决策权限被下放，不同层级的管理者可以根据自身职责和权限，迅速响应问题并做出决策。这样可以避免长时间等待中央决策可能带来的延误，使得学校能够更加及时地采取行动应对问题。其次，分权制衡促进了资源的灵活调配。各个部门拥有一定的资源调配权，能够根据具体需要灵活地调配人员、资金和设备等资源。出现问题时，相关部门可以迅速调动所需资源，以解决问题并保证学校的正常运转。此外，分权制衡加强了反馈和改进机制。教职员工和管理者被鼓励积极参与决策和问题解决过程，开放的反馈机制使得他们能够及时提供反馈意见。这有助于发现和纠正问题，并采取相应的改进措施，防止问题扩大化或重复出现。

3. 反馈和改进机制

分权制衡使得信息能够更快速地流动和传递。分权制衡鼓励每个层级和部门主动寻找改进机会并采取行动。它为教职员工提供了更大的自主权和责任感，使得他们能够有更多机会尝试新的方法和实验，以促进组织的持续改进和创新。通过分权制衡，各个层级和部门可以独立地做出决策和应对变化。这提高了组织的灵活性和适应性，使其能够更好地应对外部环境的变化和挑战。

（五）坚持共同治理的价值理念

在民办高校，共同治理的价值理念是指以办学出资人、学校管理层、师生群体（含校友）、家长及其校外利益相关人员，合理配置对高校的管理和控制权，形成对学校的共同治理。新修订的《民办教育促进法》指导民办高校加强内部治理建设，坚持利益相关者共同治理的理念，保证多元利益主体切实参与到高校的内部治理，在民办高校治理现代化进程中实现共同治理的权力平衡，为学校在教育教学质量、科学研究成果、资源利用率等方面提供组织上的保证。

第二节　民办高校内部治理的优化路径

改造与变革现代大学制度是教育现代治理的要义所在；加强党在高校中的领导、完善内部治理以提高办学水平是民办高校发展的必经之路，也是民办高校释放办学活力、激发办学动力、不断提升社会美誉度的发展目标。党和国家鼓励社会力量兴办教育，促进民办教育健康发展，并提出了要提高自主管理能力，加强章程建设；要依法设立理事会或董事会，健全治理结构中的监督体制等具体的建设标准和规范等。

一、健全法律法规制度，保障自主办学权力

优化民办高校内部治理，需要建立民办高校、政府、市场、社会四位一体共同治理的关系，保障民办高校办学自主权。

（一）科学界定政校权力边界

民办高校和政府应建立治理权力清单制度，界定政府在学校内部治理过程中的职责范围，改变政府管理学校原有的单一方式，政府通过颁布政策和法规，在对民办高校的拨款、发展规划以及信息服务等各方面进行行政措施方面的引导，减少政府的行政干预，转向宏观管理的指导，立足民办高校发展的差异性和高质量，按照"管理、办学、评估"的原则进行分类立法，细化规定，增强实践性，促进民办高校办学自主权的落实，明确相关责任主体应该承担的义务及法律责任。

（二）健全监督机制

建立健全民办高校以政府为主导、学校为主体、社会辅助的多元"复眼"监督机制。政府主要侧重于监督法律法规在民办高校的落实情况以及是否坚持社会主义办学方针。主要体现在：第一，民办高校日常管理中办学规范行为的监督，即民办高校是否按照学校章程建立内部管理制度，完善法人治理结构，落实民主管理，进行民主决策；第二，监督民办高校是否严格遵守学校资金使用规范；通过媒体平台向社会大众发布民办高校的非合法办学行为，发挥舆论监督、民主监督等方面社会监督的作用。

（三）遵守市场需求原则

民办高校的办学因其自筹经费的缘故，具有自负盈亏的特点，因此，作为实际法人实体，民办高校在办学过程中将提升办学质量，注重办学效

率和经济效益有效结合，力求降低办学成本、减少资源浪费。力求实现办学效益的最优化组合，即用最经济的资源投入创造最佳的教育效果，形成"低投入高产出"的结果，这决定了民办高校内部治理的构建和运行必须坚持市场需求原则，包括控制运行成本、畅通人力资本进入退出等①。

（四）加强社会参与性

将社会资源参与纳入对民办高校的监督体系之中，完善社会参与环境，强化民办高校区域所在地参与学校管理，以及与高校合作的企事业单位和政府等挂钩，增强他们与高校的行为互动，形成合作关系；加深社会知名人士以及学生家长对学校发展的关注度，为高校发展提供发展建议或意见，形成多元化参与管理、共同治理民办高校的局面。

二、财务治理机制优化、策略与建议

（一）财务治理机制

高校财务治理机制是为了保障学校的财务安全和规范学校内部的财务管理流程而建立的一套完整的组织体系和管理制度。民办高校作为中国教育体系中的一个重要组成部分，为推动国家教育现代化做出了贡献，也积累了一定数量的资产。这些资产的积累与学校创办者的努力办学密不可分，更离不开学校的财务治理机制的保障。

我国民办高校经过近四十年的发展形成了一套有效保障学校财产安全的运行机制。我国民办高校因其办学的资金来源与公办高校的财政拨款截然不同，从而形成了具有其自身特点的财务治理机制。当前，我国民办高校的财务决策机制是由以董事会为主体的学校决策层对财务决策程序进行拟定，确定财务管理组织机构的设置和职责划分以及其预算编制和监督检

---

① 杨炜长. 完善民办高校法人治理结构的现实思考 [J]. 高等教育研究，2005（8）：51-56.

查等各项工作。财务管理的组织结构是确保财务管理工作有条不紊进行的基础。

民办高校的财务治理工作涉及学校的内部资金运行的安全，是保障学校能健康有序发展的经济基础。因此，民办高校往往会建立科学而严格的预算管理制度，明确各项经费的来源、用途、管理和监督等事项，目的在于保障学校经费的合理分配和使用。在做学校的年度财务预算时，民办高校的董事会成员往往会参与其中。在资金的管理方面包括资金的申请、审批、拨付、使用和监督等环节，保障各项资金的安全、合理、便捷使用。笔者在调研民办高校财务治理过程中，曾听一位民办高校的行政管理人员讲到她所在学校对每一笔报销经费都有明确使用标准，从费用的申请开始到经费的使用和划拨，要经过各级领导层层签字审批，要求十分严格。民办高校一般对于招生费用和科研经费等费用有专门的报销标准和使用原则，学校对资金的使用各环节审批都很谨慎。

民办高校的财务管理工作不仅要接受学校董事会的监督和质询，还要接受校内的审计制度检查。比如，在学校的资产管理工作中如有涉及设备采购等项目时，审计部门和党委组织部门往往会参与对投标单位报价的质询。同时，按照国家的财务信息公开制度，民办高校应该在规定的时间范围内，公开财务收支信息等内容，以便接受社会公众和相关政府部门的监督和评估。省级审计监督机制可以确保民办学校财务管理的合规性和透明度。一般从民办高校官方网站中都能够查到学校的财务管理制度，以及对教学招生等财务活动的管理规定。

由于民办高校办学资金来源与公办高校的不同，形成了不同的财务治理机制。民办高校财务治理机制具有灵活性和市场化等特点。首先，民办高校财务治理机制的灵活性和市场化体现在其自主性和创新性：民办高校的财务机制更具自主性，学校往往可以根据自身的内部治理特点和需求制定适合的财务管理制度和政策。同时，民办高校也更加注重创新，积极探索适合自身发展的财务模式，不拘于一成不变的管理制度。其次，办学经费多元化也是民办高校财务治理机制的特点：相比公办高校主要依赖政府拨款，民办高校的财务机制更加依赖多元化的经费来源。除了学费收入，民办高校还可以通过合作、捐赠、研究经费等多种途径获取财务支持。有的民办高校设立有基金会以吸引校友和社会人士的捐赠。最后，注重效益和风险控制是民办高校财务治理机制最为重要的特点。民办高校财务机制更加强调效益和风险控制，注重教学经费的有效利用和风险的评估，加强财务监管和内部控制，保证教学经费的安全性和合理性。

（二）策略与建议

针对民办高校财务治理过程中发现的问题，本节将从完善财务决策机制、优化财务激励约束机制及健全财务信息披露机制等三个方面提出策略与建议。

1. 完善财务决策机制，提升决策的效益与效率

第一，董事会下设投资与建设委员会，制定校园建设规划，提升决策效益。投资与建设委员会是民办高校管理体制中的一个重要组成部分。该委员会的主要职责是制定高校建设规划，并通过有效的决策来提高投资和建设的效益。这一机构的设置对于提升高校的整体建设水平和发展速度具有重要意义。

通过研究和分析国内外高等教育的发展趋势，投资与建设委员会可以制定相应的民办高校建设规划，确立高校发展的战略目标和重点领域。在规划过程中，投资与建设委员会需要全面考虑高校的实际情况和需求，充分借鉴和吸纳先进的教育理念和实践经验，力求打造具有自身特色和优势的高水平教育机构。投资与建设委员会通过对不同项目的评估和比较分析，确定投资的优先级和资金的分配方案。同时，该委员会还需要对建设项目进行细致地论证和可行性分析，确保每一项建设工程都具备良好的投资回报和实施条件。通过科学的资源配置和项目决策，投资与建设委员会可以提高民办高校投资的效益，确保建设项目的顺利进行。

除了资源配置和项目决策，投资与建设委员会还可以提供有效的监督和评估机制，确保建设工程的质量和进度。该委员会可以建立专门的监测系统，对各项建设项目进行定期的检查和评估，及时发现问题并采取相应的纠正措施。通过有效的监督和评估，投资与建设委员会可以提高民办高校建设工程的质量和效益，确保项目的顺利实施。投资与建设委员会还可以与外部机构和专业人士合作，提升建设工程的技术水平和创新能力。投资与建设委员会可以邀请相关专家和学者参与建设规划和项目决策的研讨，提供专业的指导和建议。同时，投资与建设委员会还可以积极与行业协会、企事业单位等机构合作，共同开展科研合作和人才培养，提升建设工程的技术水平和创新能力。通过与外部机构的合作，投资与建设委员会可以借鉴和吸纳更多先进的科研成果和经验，提高民办高校建设的科学性和实效性。投资与建设委员会在民办高校管理体制中具有重要的地位和作用。通过制定民办高校建设规划、资源配置和项目决策、监督与评估、与外部机构的合作等多种措施，投资与建设委员会可以提升高校建设的决策效益和发展水平。这一机构的设置对于推动民办高校的全面发展和提高教育质量具有重要意义。

第二，变革预算委员会组织形式，提升决策效率。民办高校预算委员会常常会设立一个财务小组负责具体的预算决策工作。该小组成员由委员会成员中具有财务相关专业知识和经验的人员组成，可以更专注地研究和分析预算情况，并提出具体的方案和建议。这样可以提高决策的效率和准确性。明确预算决策的流程和步骤，确保每个环节都有明确的职责和时间节点，包括确定预算信息收集的方式、对预算方案的评估和审核程序、决策的投票方式等。通过明确的决策程序，可以提高决策的效率和透明度，减少决策的时间和成本。借助信息化技术，学校可以实现预算数据的集中管理和共享，提高决策过程中的数据分析和决策支持。可以使用预算管理软件或在线协作平台，方便预算委员会成员之间的沟通和协作，减少决策过程中的时间和沟通成本。

为预算委员会成员提供必要的培训和专业知识的更新，使其具备预算决策所需的能力和素质。可以邀请专业人士来进行培训，也可以组织内部的讲座和研讨会，提高委员会成员对预算决策相关事项的了解和应对能力。设定预算决策的时间限制，确保预算决策在一个合理的时间范围内完成。预算委员会为每个决策环节设定时间节点，并对未能按时完成决策的情况进行追责。通过规定时间限制，可以促使委员会成员高效地进行决策，确保决策的及时性。通过变革高校预算委员会的组织形式，可以提升决策效率。设立预算决策小组、明确决策程序、引入信息化技术、加强成员培训和制定时间限制等措施可以有效地提升预算委员会的决策效率，高校预算决策的科学性和准确性。

2. 优化财务激励约束机制，通过构建校院两级业绩评价体系激发组织活力

激励机制是高校创新管理工作的有效方式，在民办高校实行财务激励约束机制对促进学校的可持续发展非常重要，可以有效地提高学校人力资源和物质资源的高效利用，减少对资源的浪费。民办高校可以通过以学校为核心，以二级分院为主导的校院两级业绩评价体系，形成财务激励约束机制，激发教职员工的工作内驱力，达到激发组织活力的目的。

民办高校由于其投资办学的性质和艰辛的办学历程，在财务管理制度的设计中往往存在诸如过于注重短期利益、忽视长期发展、缺乏灵活性等的财务激励制度。在新时代国家建设高质量高等教育体系的过程中，民办高校作为高质量发展体系的一部分，为了提升自身高质量发展的能力，通过构建校院两级业绩评价体系，激发组织活力成为其高质量发展的动力。

民办高校制定校级业绩评价体系要与学校的长远发展目标相一致，强调全面考核学校教职工的综合表现。除了关注学校财务指标外，还可以引入非财务的衡量标准，如教职工对学校的满意度、学生就业率、部门及二级分院管理创新能力等。这样可以避免学校过度追求短期利益，从而使学校的综合评价体系更加全面和客观，而不是仅仅停留在财务评价自身这单

一维度上。二级分院对业绩评价体系的设计和制定应集中于分院的教学与管理等具体工作上，结合校级评价指标制定更具体的指标和考核标准。例如，对于二级分院，可以结合学校层级财务考评体系中的激励机制，对分院教师在教学质量、科研成果以及带领学生参加各级各类省市级或者国家赛事等方面设立奖励。在评价机制的设定中将指标项目有针对性地引入其中，更好地激发学校教职工的自我向上积极性。

同时，为了使财务激励约束机制能够更加灵活地适应学校发展的变化，可以采用年度调整的方式。以每一年或者每三年为财务激励约束机制的综合反馈周期，评估过去一年或者三年激励措施的效果，根据学校实际发展情况，结合二级分院对财务激励约束机制落实结果的对比情况进行激励目标和指标的修订，以保持激励机制的有效性和稳定性。

在构建和执行新的财务激励约束机制时，学校要充分考虑员工和管理层的意见和建议。可以通过员工满意度调查、员工意见箱等方式收集各方的意见，并将其纳入决策的过程中。同时，加强对新激励机制的解释和沟通，确保教职工对财务激励约束机制的理解和认同，使其能够真正发挥激励作用。

3. 健全财务信息披露机制，以内审为抓手，实施多视角下的财务信息披露

健全高校财务信息披露机制，实施多视角下的财务信息披露，以内审为抓手，建立健全的内部审计制度，加强对财务信息披露的监督和检查。内审部门应当独立于财务部门，并拥有相应的权力和资源来监督和审计财务信息披露的过程。内审部门可以制定和完善相关的规章制度，确保财务信息披露的真实性和准确性，防止潜在的欺诈行为。财务信息披露指南应当明确规定高校应当披露的财务信息的种类、内容和披露时间，可以参考国际会计准则和规范，确保信息披露的一致性和可比性。财务信息披露还应当考虑不同利益相关者的需求，包括学生、教职员工、股东等，以实现多视角下的财务信息披露。内部审计部门应当与财务部门加强沟通和合

作，以确保财务信息披露的完整性和准确性。内审部门可以进行定期或不定期的内部审计，对财务信息披露进行审核和确认，为外部审计提供支持。民办高校可以建立内部审计的绩效评估机制，定期评估内审部门的工作效果和质量，以保证其独立性和专业性。同时，学校也可以建立一个独立的机构或委员会来督查内部审计的工作，确保其公正和透明。健全民办高校财务信息披露机制需要以内审为抓手，建立完整的内部审计制度，制定财务信息披露标准，加强内部审计与财务信息披露的协同工作，以及加强对内部审计的监督和评估。通过这些措施，可以提高财务信息披露的质量和透明度，保护学校投资人各方的合法权益，促进高校的发展和稳定。

三、完善法人治理结构，依法办学

（一）发挥党组织的监督保障作用

民办高校要严格按照新修订的《民办教育促进法》完善法人治理结构，加强党组织在民办高校中的监督保障作用。为促进民办高校端正办学思想、完善内部治理体系、规范办学行为，党组织要引导民办高校遵守国家法律法规，督促内部决策机构和执行团队依法治教、依法治校，规范管理，遵循教育规律，实现民办高校的内涵发展和高质量发展。

（二）完善内部决策机制

民办学校的最高权力和最高决策机构是学校董（理）事会。在《民办教育促进法》的指引下，董（理）事会组成人数、产生办法以及任期时间和任职资格、职责范围等都得以明确的条件下，要保障董（理）事会成员主体的多元化、专业化构成，形成学术代表、师生代表、校友代表和社会知名人士构成的董（理）事会机构。避免亲属关系、朋友关系、"兄弟连"进入学校内部并兼任管理职务等，形成民主、科学的决策机构。严格确定决策会议召开的人员参与率、会议议程、回避制度等决策行为相关问题，确保董（理）事会决策的科学性与有效性。

（三）健全内部监督机制

民办高校监事会制度是《民办教育促进法》新修订后民办高校内部治理结构中与董事会同等重要的制度，是民办高校的内部制约机制。在权力配置上，学校监事会必须与董事会、以校长为主的行政系统、教代会等其他机构实现合理、恰当的平衡，避免畸轻畸重导致权力结构失衡①。民办高校监事会可以由教育行政机关指派以监控学校办学行为；或者是学校教职工代表，以维护其合法权益；也可以是学生或家长代表等关心学校发展的利益相关者共同组成，达到对学校发展的监督作用。另外，民办高校还要发挥纪律检查、监察和审计等党政系统的检查机制形成监督合力，强化监督效果。

（四）明确校长负责制

校长是民办高校建设和发展的具体执行者，具有极为重要的作用，是学校内其他组织机构无法替代的。"校长处于行政管理结构的顶端，他们对下进行指挥、下达命令并负全部责任"②。保障校长对学校行政管理权力，明确责任范畴，构建以校长为代表的民办高校管理层的激励与约束机制。

第一，建立校长遴选制度，积极推进大学校长职业化。西方发达国家的高校校长选拔体现出较强的学术性、广泛性和民主性。如美国大学校长的选拔一般需要几个月到一年的时间，董事会制定选拔的程序规范，并成立专门的选拔委员会③。第二，制定校长任期时间、责任目标和办学利益

---

① 彭宇文. 中国高校法人治理结构研究［M］. 北京：中国社会科学出版社，2006：216。

② 教育部人事司：《高等教育学（修订版）》，北京：高等教育出版社，1999：14。

③ 熊万曦：《大学校长遴选：美国顶尖大学的经验——哈佛大学前校长德里克·博克专访》，《现代大学教育》，2013（5）；7。

共享制度。第三，建立管理层的民主集中决策制度，确保校长决策的高效、正确、科学。在日常管理中，校长要严格遵守民主集中原则议事、办事。涉及高校的教科研和学生管理等重大问题，以校长办公会讨论为主，并按照民主集中制原则进行决策，同时坚持校级领导团队分工负责制，避免校长的权利过于集中，缺少监督，造成重大失误。加强校长管理团队的专业化建设，围绕学校管理者的任职资格条件，按照遴选机制和管理流动机制设定薪酬标准和考核机制，强调管理者的能力建设与避免高校管理中的行政化问题等。

四、行政权力的运行、优化思路与对策

（一）行政权力的运行

1. 行政权力运行的领导体制

民办高校绝大部分都采用董事会领导下的校长负责制，这是民办高校行政权力运行的基本领导体制。董事会是学校的最高决策机构，由举办方代表、校长及教职工代表等构成，成员人数一般为 5~11 人。董事会通常设立一个董事长，可能还有副董事长，他们负责学校的管理和决策。就董事会的职权而言，《民办教育促进法》和各民办高校的学校章程都有相应规定。《民办教育促进法》对董事会的职权规定较为笼统，主要是聘任和解聘校长的权力。而各民办高校的学校章程则更加具体，扩大了董事会的职权范围。例如，有些学校章程规定董事会还有聘任、解聘院长、副院长以及学院中层以上干部的权力。这意味着学院中层以上干部的聘任权力也归董事会所有。至于董事长的职权范围，《民办教育促进法》并没有详细规定，只指出董事长和校长都可以作为高校的法定代表人。高校章程一般规定董事长为高校的法定代表人，行使相应的职权，如签署董事会重要文件和学院法定代表人应签署的其他文件等。学校章程还可能对董事长其他

职权进行一定规定，例如，拟订合理回报分配数额报董事会核定等。董事会统筹下的校长负责制是民办高校行政权力运行的基本领导体制。董事会是高校最高决策机构，董事会成员包括学校创办方代表、校长和教职工代表等。董事长负责高校管理和决策，并担任学校的法定代表人。民办高校的学校章程对董事会和董事长的职权进行了具体规定，包括聘任、解聘高校和学院领导等权力。

2. 行政权力运行的组织结构

为了处理学校内部事务和与外界的交流合作，民办高校通常会建立完备的行政组织机构来行使管理职能。在学校董事会的授权下，民办高校建立以校长办公室为首的行政职能组织来管理学校的行政工作。由于民办高校成立时间较短，他们在设置行政职能组织时往往借鉴了公办高校的做法，因此民办高校的行政职能组织在某种程度上与公办高校类似。当然，由于民办高校的实际情况与公办高校存在较大差异，民办高校的行政职能机构也有一些不同之处，体现出自身的独特功能。民办高校的行政职能组织设置较多，功能相对齐全，这与公办高校整体上类似。以武汉东湖学院为例，该院有 17 个职能机构，包括校办公室、教务处、科研处、人事处、学生工作处、发展规划处、财务处、保卫处、后勤处等，涉及教学、科研、财务、安保等多个方面的职能。从机构数量和种类来看，该校的行政管理组织相对齐全，基本涵盖了学校管理的各个方面。另外，以武昌理工学院为例，该校行政机构包括学校办公室、发展规划处、人事处、教务处、实验与教学管理中心、教学质量管理处、学生工作处、宣传处等 16 个职能机构。此外，学院管理机构可以进一步划分为党群机构和行政机构。但学院在行政机构中设立的教师发展中心和学生工作处与党群机构中的教师工作部、学生工作部实际上是合署办公的，并没有完全区分开。民办高校需要管理繁杂的事务，同时处理许多校级直属机构，这显然是不小的挑战。与此同时，民办高校的二级学院并没有得到充分的授权，自主权较小，发展活力受到限制。二级学院这种行政权力过于集中于校级组织的现状需要改变，亟须改变学校行政权力过分集中的情况。

3. 行政权力运行的管理主体

目前，民办高校管理队伍的建设取得了一定的进步，但仍存在一些问题。首先，民办高校的管理队伍年龄结构不完善，校长和高级管理人员中有部分是从公办高校退休后到民办高校任职的，这可能导致管理人员的理念和思维方式仍停留在公办高校时代，难以全面适应民办高校的办学模式和特点。其次，在学历要求方面，民办高校对校长和高级管理人员提出较高要求，但对其他管理人员的学历要求相对较低。与公办高校相比，民办高校对辅导员等管理人员学历的要求更加宽松。这可能导致民办高校管理队伍素质的不一致性，影响到行政权力的高效运转。因此，提升民办高校管理队伍素质仍需要进一步努力。

首先，应该加大对民办高校管理人员的培训力度，提高他们对高等学校办学实际情况的了解和应对能力。其次，对管理人员的选拔要严格把关，提高学历要求，注重专业素养和职业道德的培养。同时，要加强年轻干部的培养和选拔，确保管理队伍年龄结构的合理性。最后，加强与公办高校的经验交流与学习，借鉴其先进管理经验，为民办高校管理队伍的建设提供参考。只有建立起专业化的管理队伍，民办高校的行政职能组织才能高效运转，各项工作才能得到切实落实，实现提高民办高校行政权力运行质量的目标。

4. 行政权力运行的制度保障

根据《民办教育促进法》，民办学校正式设立的申请人需向审批机关提交一系列文件，其中包括筹设批准书、筹设情况报告、学校章程以及学校决策机构成员名单等资料。这为民办高校的制度化规定提供了法律依据。相比之下，大多数公立高校通常会在学校成立之后才制定学校章程，而民办高校在建立之初就已经制定了学校章程。这样的设立流程对于提前确定学校的办学总体方向，为学校行政权力的运行提供制度性保障非常有利。各个民办高校的章程不仅确定了学校的领导体制，还涉及学校行政权力运行的其他方面。

首先，民办高校章程确立了学校党政联席会议制度。该章程明确规定，学校应设立党组织与学院的协商沟通机制，以及与学校行政管理机构的联席会议制度。重大事项和决策由党组织与学校行政组织共同商议决定。这样一种双重领导机制既保障了党的领导地位，又确保了学校行政权力的高效运行。

其次，民办高校章程明确了学校的资产和财务管理制度。民办高校章程规定，学校应按照国家相关规定设立财务、会计制度以及资产管理制度，并接受相关部门的监督。此外，民办高校章程还规定每个会计年度结束后，学校应委托会计师事务所进行审计，并公布审计结果。这些规定有助于学校对办学经费进行有效管理，并明确学校行政权力在资源分配方面的权限，为行政权力的运行提供了制度依据和物质资源保障。

民办高校的章程在学校行政权力的运行中发挥着重要作用。民办高校章程明确了党政联席会议制度和资产财务管理制度，有利于处理好高校内部各方面权力的关系，促进高校行政权力的有效运行。

（二）优化思路

1. 转变思想认识

自建立初期到现如今，民办高校的规模不断扩张，提升了办学层次，发展速度和质量都取得了显著的提升。这些学校正逐步进入全新的发展阶段，由广度发展向深度发展转型。对应这种转变，民办高校的董事会也应做出相应的调整，以适应民办高校蓬勃发展的新形势。民办高校的董事会应适时调整其认识，坚决摒弃过去一元化的治理观念，改变对民办高校行政权力全盘控制不放权的旧观念，并且需要改变董事会对学校的过度干预。董事会过度干预会严重影响民办高校行政权力的独立性和自主性，进而影响了其有效运行。董事会需要充分树立多元化的治理理念，成员需要提升理论素养，尊重教育发展的规律，尊重学校行政权力的独立性和自主性。然而，与民办高校整体向好的发展趋势相比，高校教职员工的工资待遇和社会地位相比以前并没有得到显著提升。教职员工并未充分享受到民办高校快速发展所带来的红利，仍然缺乏幸福感和职业认同感。此外，学校对教员职工的关心仍不足，缺乏对他们工作积极性的激励，对于保障他们的合法权益也不够完善。因此，民办高校应增强对教职员工的关心和支持，提高他们的工资待遇，提供更多晋升机会以及参与学校管理的途径。教职员工也应更加自觉地提升职业道德，提升敬业精神，积极投入到学校的民主管理中，对学校发展建言献策，加强对学校行政权力的监督，保障自己的合法权益。

最后，享有行政权力的行政管理组织也存在一些问题，它们并未完全树立为学校学术权力服务的意识，仍习惯以行政化管理的方式处理学术事务。民办高校要贯彻全国高校思想政治工作会议精神，坚持召开每年一度的教师代表大会和学生代表大会，以及四年一次的团员代表大会，充分发挥群团组织和教职员工参与学校内部管理的积极性，保障师生的合法权益。在此过程中促进行政权力的合理行使，推进民办高校教学科研工作的顺利开展，为学校学术权力以及党群组织提供稳定的工作环境。然而，民办高校的行政权力经常超越其服务的范围，比如，以行政手段过度管理学术事务，而没有充分尊重学术教育的规律。对此，行政管理组织应该转变观念，明确自身的位置，尊重学术权力对学术事务的决策权，不过度干预学术权力的正常运行，为学术权力提供良好的服务和保障。

2. 健全制度建设

民办高校章程实际上是对学校管理层权力运行的一种制约和约束，也是对教职员工和学生权益保护的一种保障。然而，只有当学校章程的具体内容具体完善，既具有足够的宽度，能够覆盖民办高校行政权力运行的各个方面；又具有足够的深度，能够对民办高校行政权力运行的每一环节进行详细的规定和规范，才能充分发挥其应有的作用。

民办高校学校章程的制定和修改应当遵循充分参与和广泛协商的原则。一方面，民办高校管理层、教师、学生等各方利益相关者都应有机会参与到学校章程的制定和修改过程中，让学校章程成为各方利益调和与平衡的结果，从而增强学校章程的公信力和合法性。另一方面，民办高校学校章程的制定和修改也应当尽可能采用广泛的社会咨询和协商机制，从多个角度和层面对学校章程进行审视和讨论，以确保学校章程的公正性和公平性。

在完善民办高校学校章程的同时，也应当加强对高校章程执行情况的监督和检查，防止高校管理层对学校章程进行滥用。这需要建立一套有效的监督机制，包括定期的高校章程执行情况检查，及时处理违反高校章程的情况，通过媒体和公众的监督来强化高校章程的执行力度。同时，应当注重培养高校管理层、教职员工和学生对高校章程保持敬畏心态和严格遵守的习惯，以确保高校章程得到有效执行。

总的来说，对民办高校来说，完善高校章程和其他相关制度建设是促进行政权力正常行使的重要手段。只有建立健全各项制度，才能在保障高校良好运营的同时，充分保护教职员工和学生的合法权益，实现学校的长远发展。这也是对民办高校贯彻社会主义办学方向、坚持以人才培养为本、积极承担社会责任的一种重要实践。

3. 明确办学方向

民办高校大都由社会团体或个人投资创立，在一定程度上具有私营企业的性质。然而，作为承担教书育人、立德树人的责任的教育机构，民办高校更应该明确其办学方向，坚守以学生为本、以人才培养为中心的原则，积极承担社会责任，发挥其作为社会主义教育力量的积极作用。如果民办高校不明确自己的办学方向，就会导致高校行政权力运行的目标发生价值错位，极大地影响民办高校行政权力的正常运行。

一方面，民办高校应该坚守社会主义办学方向，重视学校的社会效益。然而，实践中，民办高校在董事会的领导下，出于对经济利益的追求，往往忽视了其作为社会主义高等教育重要组成部分的公益性。对此，上级政府部门应加强对民办高校办学行为的监督和管理，制约和规范其过度追求利益、违背高校办学方向的行为。另一方面，上级政府部门还应加强全社会范围内的宣传和引导，形成捐资办学、公益办学的风气，并给予坚持社会主义办学方向，且做出卓越贡献的民办高校一定的奖励和补偿。

如果民办高校办学方向不明确，可能会导致高校行政权力的私营化程度过度放大，其公益性特性也会受到抑制。这主要是因为民办高校董事会可能会在追求经济利益的过程中，过度干预民办高校行政权力的行使，从而导致民办高校行政权力的价值取向偏离，运行失范，逐渐变得急功近利。为此，民办高校行政权力需要对本校偏离的办学方向进行纠正，对错位的权力运行目标进行调整，坚持以社会主义办学方向的要求进行自我反思。民办高校应将人才培养放在首位，加大对人才培养的投入和支持，强化对学生权益的保护，积极听取在校学生对学校发展的意见和建议。

民办高校在办学方向不明确的情况下，高校行政权力运行的目标往往过于功利化，很容易导致对学术权力的挤压。例如，为迎合市场需求和学生就业的需要，民办高校在专业设置上可能盲目地开设一些热门专业，而忽视了高校实际办学情况和教师的意见和建议。这种行政权力对学术权力做出决策的行为，会对学术权力的生存空间造成挤压。因此，民办高校需要明确其办学方向，坚持以培养社会主义接班人为定位，尊重教育规律，尊重学术权力行使的规则，不随意干预学术权力的运行，真正做到行政权力与学术权力的相对独立。

（三）优化对策

1. 明确行政权力的边界范围

民办高校应建立一个具有良好分工和协调的行政管理体系，实现行政权力与学术权力的有序运行。在实际执行中，需要明晰行政权力和学术权力之间的关系，建立公正的管理制度，并进行有效的监督和制衡。

其一，我们需要强调，行政权力的目标应该是服务于教育和学术，而不是对其进行过度控制和干预。行政权力主要应用于民办高校决策支持、资源分配和日常管理等领域，而不应对学术研究、教学活动和其他与学术直接相关的事务进行干预。因此，民办高校应制定明确的政策，规定行政权力的适用范围和限制，防止权力滥用。

其二，我们需要支持学术发展。学术发展是创新和研究的关键动力。学术权力应当受到充分尊重和保护，包括学者选择研究的主题、发表研究成果和进行教学活动的自主权。民办高校应建立健全学术评估和决策机制，确保学术决策是基于学术优秀性和贡献，而不是行政级别或其他非学术因素。

其三，我们还需要建立有效的监督和制衡机制，防止权力的滥用。民办高校应建立清晰透明的行政决策程序，确保决策过程公开、公正、公平。同时，民办高校应设立独立的监察机构，监督行政权力的行使，防止权力滥用。

2. 促进行政权力的合理配置

整体上看，促进民办高校行政权力的合理分配，既可以保证学校行政权力的良好运行，又能增强民办高校内部管理的公平性和效率。在确保学校行政权力的合理分配的过程中，需要逐步深化学校行政权力运行程序的改革，建立健全符合民办高校实际情况的行政权力分配机制。这既包括在学校层面上将行政权力进行合理的配置，通过制定详细的行政权力运行规定，加强对行政权力的监督和制约，也包括在二级学院层面上充分发挥其作为一线教学单位的主体性，通过给予其更多的授权和资源，激活其自身办学活力。此外，还应在全校范围内加强对行政权力运行程序建设的宣传和培训，提高全体师生对行政权力运行程序的认识和理解，以确保行政权力运行程序的有效实施。

民办高校在分配行政权力的过程中，应保持对权力的敬畏，避免权的滥用。民办高校校长和二级学院院长等行政管理人员，应秉持公平公正的原则，尊重和保护师生的合法权益，做到行政权力的公正使用。同时，要重视权力的监督，建立健全行政权力的监督机制，做到权力公开透明，防止行政权力的滥用。

3. 加强行政权力运行程序建设

从民办高校的实际运作来看，加强行政权力运行程序的建设对于行政权力的正常运行具有重要意义。我们必须坚决建立和完善规范的行政权力运行程序，以确保行政权力运行的方向不会偏离，保证行政权力运行的有效性，并为实现民办高校内部治理体系和治理能力的现代化打下坚实的基础。总的来说，建立和完善规范的行政权力运行程序可以强化行政权力的程序公正，同时也有利于体现行政权力的公开性和透明性，从而加强教职工和学生对学校行政权力的监督和制约，增强了对自身权益的保护。

首先，民办高校应建立和完善重大行政决策的程序。目前，民办高校存在的主要问题是重大行政决策程序不完善，这是行政权力运行不规范的主要表现。这个问题的根本原因在于学校章程的不完善。虽然学校章程对学校管理的具体事务有一定的规定，但对行政权力的运行程序却有所忽视，因此需要进一步修订高校章程，弥补其中的漏洞，从根本上解决行政决策程序不规范的问题。同时，高校董事会和校长需要转变管理理念和方式，真正落实重大行政决策程序的要求，增强其法治性、科学性和民主性。

其次，民办高校应建立和完善教职工和学生权利救济和申诉的程序和制度。除了重大行政决策程序的规定外，高校章程对教职工和学生的权利救济和申诉的规定也是缺失的。完善的权利救济和申诉制度可以及时修正和补救行政决策不当造成的后果，是行政权力运行程序的重要组成部分。因此，民办高校必须加强关于权益救济和申诉制度的建设，并加强相关制度的宣传，公开发布受理相关事务的渠道，使教职工和学生能够真正意识到保护权益的重要性，并掌握保护自身权益的方式和方法。

4. 完善对行政权力的监督制约

民办高校行政权力的监督制约是保障高校治理效能和公正性的重要举措。为了确保高校行政权力的正确行使和避免滥用行为的发生，需要建立有效的监督机制和相应的制约措施。应当制定具体明确的法律法规，明确高校行政权力的范围和限制，防止滥用权力和违法行为。同时，及时修订法律法规，以适应时代变革和高校治理的需要。民办高校可以设立独立的内部监督机构，负责对行政权力的行使进行内部审查和监督。这个机构应具有独立性和专业性，能够及时发现和纠正不当行为。内部审计部门可以对高校行政行为进行审核和评估，及时发现违规和滥用职权行为，并提出相应的整改建议和措施。民办高校应建立规范的行政程序和规则，向全校师生公示行政决策的过程和结果。同时，鼓励师生参与行政决策的讨论和评估，增加行政决策的透明度和公正性。社会各界应积极参与对高校行政行为的监督和评价，包括媒体、学术界、学生家长等。他们可以通过舆论监督、舆情研究等方式，对高校行政权力的行使进行监督和反馈。学校校友和校友会可以通过成立监督机构、举办监督活动等方式，对高校的行政行为进行监督和评价。他们可以从校友的角度出发，提出对高校行政行为的独特见解和建议。社会组织可以通过成立独立的监督机构或参与高校内部监督机构，对高校行政行为进行监督和评价。他们可以发挥专业性和独立性，提出对高校行政权力的重要问题和建议。完善对高校行政权力的监督制约需要法律监督、内部监督和公众监督相结合。只有通过法律法规的规范、内部审计的监督和社会各界的参与，才能实现高校行政行为的透明、公正和合法，确保高校行政权力的正确行使和有效制约①。

五、健全完善领导体制，保障依法履行职权

根据《民办教育促进法》和《关于加强民办高校党的建设工作的意见

---

① 周壮. 民办高校内部治理结构中的行政权力运行优化研究［D］. 武汉：武汉大学，2020.

（试行）》等相关文件，民办高校依法设立董事会，董事会是核心与中枢，董事长是高校的法人代表，董事会依照相关法规和董事会章程对高校管理行使决策权。我国民办高校现普遍实行的是董事会领导下的校长负责制，校长是董事会成员，依照相关法规和民办高校章程对高校的教育教学和行政工作行使管理权；民办高校党委书记由上级教育工委选派，书记作为董事会成员和校长办公会成员参与高校日常管理。党委发挥政治核心作用，贯彻党的教育方针，坚持社会主义办学方向，落实立德树人根本任务。

民办高校党政领导实行"一岗双责，交叉任职"的领导体制，校长兼任党委副书记，党委书记兼任副校长，高校主要职能部门由党员干部负责，教学单位及管理机构干部双向进入、交叉任职。

（一）规范议事程序，提升决策科学化与规范化水平

民办高校应建立明确的议事规则和流程，明确决策程序和要求，包括确定议事日程、制定会议规则、确定决策的审议程序等。这样可以确保决策的科学性和合法性，减少决策的主观性和随意性。决策者需要提供决策前所需的充分准备和信息。这意味着要提前提供相关文件、资料和数据，确保决策者在会议前有足够的时间阅读和研究。同时，提供各方的意见和建议，促进全方位的讨论和决策。民办高校应鼓励多元观点和学术讨论，在决策中融入不同专业背景和学科视角。可以通过组织专业讨论会、跨学科研讨会等形式，促进对问题的深入思考和交流，并将不同观点纳入决策过程。民办高校需要确保决策的权威性和透明度，让决策的过程和结果能够得到广泛认可和接受。这可以通过公开会议记录和决策结果、建立决策评估机制等方式实现。同时，加强对决策程序的监督和评估，确保决策程序的公正性和合法性。高校应建立决策的跟踪和评估机制，对决策结果进行监测和评估。这样可以及时发现决策执行中存在的问题和不足，并及时采取调整措施。通过不断地反馈和改进，提升民办高校决策的科学性和效

果。民办高校的决策科学化与规范化水平，需要通过规范议事程序、提供充分准备和信息、鼓励多元观点和学术讨论、加强决策的权威性和透明度以及推行决策的跟踪和评估等措施来实现。执行这些措施将有助于提高决策的质量和有效性，推动高校的发展和进步。

（二）构建教授治学有效机制，发挥学术权力作用

教授治学是高校在教育部的推动下进行大学治理改革的突破口。在此背景下，民办高校将教授治学作为内部管理机制改革的探索。民办高校通过制定科学公正的评价标准，包括学术成果、教学质量、科研项目管理、学术服务等方面的考核指标，确立教授群体在本学校教学工作中的主体地位。其中，学校的评价制度应该注重质量而不仅是数量，鼓励教授在顶尖学术期刊上发表高质量的研究成果，同时重视教学和人才培养工作的质量。民办高校建立科学研究伦理和学术规范要求，明确研究者应遵循的科研原则和道德规范，加强学术研究的监督和管理。成立由教授组成的学术纪律委员会，对学术不端行为进行查处和处理，保障学术研究的公正性和正当性。搭建学术交流平台，组织专题讲座、学术研讨会等活动，促进教师之间的学术合作和交流。鼓励教授参与国际学术交流，提升国际学术影响力，扩大学术合作的空间。同时，由教授指导建立学术团队，培养年轻的学术人才，提高整个教师团队的研究能力。

与此同时，民办高校建立健全学术管理机构和监督机制，加强对教授的日常管理和考核。建立以教授为主要成员的学术委员会，制定学术决策和评审程序，保障学术决策的科学性和公正性。加强对学术资源的配置和利用，确保教授能够更好地发挥学术权力。民办高校在实施这些措施的过程中需要各层级教学单位、学科专业和教授本人的共同努力，以实现民办高校教授治学的长期可持续发展。

（三）完善民主管理制度，保证师生参与共同治理

制定民主管理制度，确保重要决策能够经过充分的讨论和多方参与，

包括教职员工代表、学生代表的选举和参与，重大事项的决策采取民主表决方式。同时，建立定期召开教职员工大会和学生代表大会的制度，让师生能够充分了解和参与学校管理和决策过程。建立学生自治组织，通过选举产生学生代表，参与学校内部事务的决策和管理。鼓励学生参与学生会、学生社团等组织，培养学生的管理能力和责任意识。同时，建立学生意见反馈机制，让学生能够主动提出建议和意见，提高学生对学校事务的参与度。建立教师参与学校管理的机制，例如，设立教师代表团队，与学校管理层协商决策，代表教职员工利益和诉求。同时，加强教师培训，提高他们的管理和领导能力，使他们能够更好地参与学校管理和决策。建立学校信息公开制度，包括学校政策、预算、决策等重要信息的公开，让师生能够及时了解学校的各项行动和决策。同时，建立信息反馈渠道，鼓励师生提供意见和建议，增加学校管理的透明度。培育和营造开放、包容、民主、平等的校园文化氛围，倡导尊重师生的权益和权威，鼓励师生积极参与学校事务和决策。通过组织文化活动、讲座、座谈等形式，加强师生之间的交流和沟通，增进相互的了解和信任。促进民办高校民主管理制度的完善，保证师生能够积极参与共同治理，提高民办高校管理的科学性、民主性和透明度。

1. 制度建设：确立党在民办高校中的政治核心地位

党的十九大明确提出要加强党的全面领导，民办高校要健康长久的发展，离不开民办高校党委的重要作用。为确保党组织在民办高校中的政治核心地位，首先，我们需要将党建工作的总体要求纳入民办高校的章程里，并将党建工作纳入高校的整体发展规划之中。同时，我们需要明确党组织在决策、执行和监督各环节中的权责和工作方式，以及它与其他治理主体的关系。党组织是高校法人治理结构中的有机组成部分。其次，民办高校需要根据党的教育事业在不同时期对民办高等教育的发展要求修订和完善议事规则，使党组织参与重大问题决策的内容和程序具体化和制度化。实践中，我们需要不断完善党政联席会议的运行机制。最后，为加强党组织的建设工作，民办高校需要落实二级党组织书记的党建职责，将二级党组织书记纳入中层正职干部管理队伍之中。

2. 组织建设：积极发展民办高校的基层党组织

设立专门的党建工作部门，坚持党对群团组织的领导和指导，确保基层党组织换届工作的规范化、标准化，优化基层党组织结构，按照便于支部活动开展的原则，以教研室、年级专业、机关后勤等为单位设置支部，优化教师党支部的设置，加大对教师党支部书记"双带头人"的培育与支持，发挥教师党员教书育人的主体作用。按照"六有"的标准，即"有场地、有标识、有设施、有制度、有资料、有栏目"，建设基层党员阵地，把党员阵地建设成为"强化功能定位、增强服务意识、加强党员教育培训"为一体的综合实验区。

加强党的建设工作，确保党对群团组织的领导和指导。优化基层党组织及其机构的设置，将教研室、年级专业、机关后勤等单位设为支部单位，以更好地开展党支部活动。

重视基层党组织的换届工作，确保其规范化和标准化。优化教师党支部的设置，增加对教师党支部书记"双带头人"的培养和支持，以发挥教师党员在教书育人中的主体作用。

3. 思想保障：提升民办高校干部队伍理论水平

坚持用习近平新时代中国特色社会主义思想武装头脑、指导实践、推动工作，落实"第一议题"学习制度，把学习传达、研究落实习近平总书记重要讲话和指示批示精神作为董事会、校长办公会、党委会及各级支委会等会议的首要议题；落实党委理论学习中心组学习制度，保障覆盖面，做到有计划、有记录、有总结；健全意识形态工作责任制和网络意识形态工作责任制、健全日常廉洁教育与警示教育，加强党员经常性教育，引导师生党员持之以恒地加强政治理论学习[1]。

① 奚少敏. 新时代党建引领民办高校治理的路径优化 [J]. 江西电力职业技术学院学报，2021，34（5）：99-100，102.

六、减少行政化管理，发挥专家治学作用

民办学校尤其是民办高校作为学术性组织，客观存在行政和学术两种权力。两种权力各有特点，彼此区别而又相互补充，构成了民办学校内部权力的二元结构①。提高民办高校自主办学能力，要发挥专家学者在学校管理中"参政、议政"的重要作用。设置学科发展委员会、学术委员会等学术机构，明确成员组成和领导产生机制，以及机构运行规则与监督机制等方面的规则，保障专家学者构成的学术组织在学校的学科建设、专业发展、学术评价与学术发展，以及教师队伍建设等方面的建言和决策作用，维护民办高校作为学术机构的学术活动的独立性。

七、使用科学方法，提升治理水平

为完善内部治理体系，提升治理能力和水平，民办高校要运用现代化的管理理念和管理手段，加强学校的战略管理，采用管理层级较少的扁平化管理方法，或者采用目标管理等管理方法。通过学校管理工作的高效率，提升内部治理的效率，减少对时间、精力等资源的浪费。第一，要重视战略决策的部署，实施战略管理。在规划阶段，重视并组合利益相关者的作用与利益诉求，多方沟通和协调确定战略目标，提高多元利益主体的战略共识度，缓和矛盾，强化责任担当意识；在执行阶段，调动各利益相关者的参与性，兼顾利益主体的诉求，优化资源配置，简化工作流程，加强执行力建设，实施战略跟踪管理；在控制阶段，兼顾对高校内外利益主体的控制。第二，推动民办高校内部治理改革，实施层级少、流程少的扁平化管理。减少管理重心和管理层级，突出基层单位的管理主体地位，发挥其自主管理的能动性，形成高效的管理体制。第

---

① 彭宇文．中国高校法人治理结构研究［M］．北京：中国社会科学出版社，2006：194.

三，参考运用目标管理以及绩效管理等企业管理方法，提高民办高校内部治理有效性性和科学性，增强高校在市场需求环境下的适应能力，形成信息畅通、办学效益高的内部治理环境。

八、形成共同治理机制

民办高校的利益相关者彼此之间存在不同程度的利益诉求，应建立利益相关者共同治理机制，维护学校和利益主体之间的关系，调动共同参与治理、推动发展、创造价值的积极性。首先，建立利益相关者沟通机制。完善民办高校对利益相关者的信息公开制度，按时对利益相关者公示高校办学经费的使用、教学成果的获得、社会服务的成就等情况，并接受社会监督。其次，建立利益相关者"参政、议政"机制，推进教师代表大会、党代会、团代会的开展，提升其参与学校决策的积极性，利用网络为关心高校发展的学生和家长以及校友和社会人士提供参与高校事务的平台，构建共同参与的互动体系，为利益相关者提供表达自身利益诉求的渠道。再次，建立利益相关者权利救济制度，如申诉制度、复议制度、听证制度和信访制度等，全方位保障利益相关者的权益。最后，是建立利益相关者问责机制，由学校内外部利益相关者组成的问责小组评议、监督、考察学校办学行为，学校要主动应对和接受利益相关群体的问责①。

民办高校的所有成员之间需要建立一种相互支持信任的关系，人人感到在价值需求、愿望、目标方面有共同的利益。通过不同角度、不同利益相关者的沟通与协调，形成能实现学校教育目标、提高资源使用效率、获得经济效益、扩大社会效益的共建共享机制。

---

① 周海涛等著《中国教育改革开放 40 年：民办教育卷》，137 页，北京：北京师范大学出版集团，2019 年。

总　　结

我国民办高校自改革开放后发展至今的四十余年时间，经历了恢复起步阶段、快速发展阶段、规范发展阶段，目前已进入内涵式发展阶段。在这期间，民办高校的办学规模、办学质量以及办学条件等方面都取得了长足的进步。我们研究民办高校的发展历程，探究其内部治理的演进逻辑，探索民办高校当前的内部治理现状及其特征，为其未来的内部治理优化路径选择提出参考意见，借以促进民办高校的良性、健康、可持续发展。

本书研究利用案例研究和文献分析等研究方法，以研究者的视角对我国民办高校的内部治理演进逻辑等展开研究，并得出以下结论：

第一，我国民办高校历经四十余年的发展，在学校数量、人才培养以及专任教师队伍建设等方面取得一定成就，为我国高等教育事业做出了重要贡献。

第二，我国民办高校的办学模式，从办学体制看，可以分为企业创办、个人投资创办以及民办公助和混合所有制的办学模式四种；从人才培养模式来看，可以分为行业学院模式、产学合作模式、校地互动模式以及订单培养模式和自主创业模式五种；从政府的管理模式来看，主要有财政扶持型、土地优惠型和师资配置型以及严格管理型四种。

第三，民办高校的内部治理演进进程按照其阶段发展特征分为恢复起步期、快速发展时期、规范发展时期和内涵发展时期四个阶段。在民办高校的发展历程中，其内部治理演进逻辑主要是围绕民办高校与政府、社会、学生和家长以及社会其他的利益相关者之间展开。

第四，我国民办高校实行董事会领导下的校长负责制。校长依法治校，党委充分发挥监督和保障作用。在内部治理中主要以松散结合型和专家单边治理、出资者单边治理以及多边治理模式等作为当前民办高校内部治理的主要模式。民办高校的内部治理在发展中表现出的从多元到统一、从"任性"到理性、从粗放式管理到精细化治理的特征，也是从管理到治理过渡的特点。

第五，民办高校在我国高等教育的高质量发展中要理顺教育的内外部治理关系，从健全法律法规制度体系、完善法人治理结构、强化多元参与形成共同治理机制等方面出发，优化其内部治理路径，加快民办高校内部治理的现代化进程，促进民办高校的良性、健康、可持续发展。

未来，民办高校作为高等教育的重要组成部分，要不断优化内部治理体系，提升内部治理能力，牢记为党育人、为国育才的使命，落实立德树人的教育理念，培养德智体美劳全面发展的社会主义建设者和接班人，为我国高等教育全面进入高质量发展、迈上加快建设教育强国新征程做出贡献和努力。

参考文献

［1］赵林．民办高校多元共同治理机制研究［D］．长沙：湖南农业大学，2018．

［2］李伟．依法治校视野下高校突发事件应急管理机制研究［J］．淮南师范学院学报，2022，24（4）：18-22．

［3］陈维．高校突发事件应急管理处置机制研究［J］．国际公关，2023（4）：128-130．

［4］湛中乐．民办大学的自治逻辑及展开［J］．河北师范大学学报（教育版），2022，24（6）：9-21．

［5］刘永林．试论民办学校独立董事制度：价值内涵、可行性及框架设计［J］．复旦教育论坛，2020，18（4）：85-90．

［6］洪戎，宋贞，杨雪等．民办学校依法治校工作机制研究［J］．湖北开放职业学院学报，2020，33（2）：80-81．

［7］张丰军．全面依法治国战略布局下民办高校依法治校研究［D］．武汉：武汉理工大学，2020．

［8］柳国勇，韩维．民办高校内部治理结构优化的路径和措施［J］．教育观察，2019，8（10）：114-116．

［9］张应强．教育内外部关系规律及其在高等教育研究中的运用［J］．复旦教育论坛，2020，18（5）：5-11．

［10］洪戎，宋贞，杨雪等．民办学校依法治校工作机制研究［J］．湖北开放职业学院学报，2020，33（2）：80-81．

［11］刘芳．论民办高校的核心价值取向及办学理念［J］．西部素质教育，